Enfrentando Nuestros Temores

"Confiando en Dios podemos pasar las aguas profundas de la VIDA"

Propiedad intelectual protegido por Johanna Guale

Enfrentando Nuestros Temores
por Johanna Guale

Impreso en los Estados Unidos

ISBN 9781626973169

Todos los derechos reservados por parte del autor. El autor garantiza que todo el contenido de este libro es original y que no infringe los derechos de cualquier otra persona u obra. Ninguna parte de este libro puede ser reproducido en ninguna forma sin el permiso del autor. Las expresiones y opiniones en este libro no son necesariamente las del publicador.

Sino esta indicado, citas de la Biblia son de A menos que se indique lo contrario todas las citas bíblicas
Han sido tomadas de la revisión de 1960
De la Reina Valera1960
Enciclopedia Libre
Diccionarios Bíblicos

Para invitaciones y pedidos, Comuníquese con:
Ministerio Restauración Internacional

Salisbury., N.C.28147
704-310-9176
704-361-0374

Libro Impreso en los Estados Unidos De América
Por:M.R.I.

Enfrentando Nuestros Temores

"Confiando en Dios podemos pasar las aguas profundas de la VIDA"

EN HONOR...

A JEHOVA...

Mi padre, mi guerrero, mi abrigo. Me adopto, pelea mis batallas, es mi refugio.

JESUS DE NAZARETH...

Mi salvador, libertador, sanador. Me salvo de la muerte, en el tengo vida eterna. Me libertó de la esclavitud, sano y sana todas mis heridas, gracias por tu perdon.

ESPIRITU SANTO...

Mi fuerza, mi guía, mi amigo fiel. Me levanta cuando yo no puedo, dirige mis pasos, mi amigo incondicional.

AGRADECIMIENTOS

A mi esposo, por su apoyo, ayuda, comprensión y amor.

A mis hijos preciosos, Dios los ha usado para enseñarme, la similitud que hay entre su amor para la humanidad, y el amor de una madre hacia sus hijos. Cada hijo tiene un carácter diferente, como madre aprendemos amarlos a todos de igual manera. Cada uno de nosotros somos diferentes, pero Dios nos ama a todos por igual.

Mi padre terrenal, aunque ya no esta con nosotros, le agradezco su amor, compañía y ayuda en momentos que mas lo necesite.

Mi madre, sus consejos y oraciones han sido un parte fundamental en mí caminar. Mis hermanos, gracias.

Enfrentando Nuestros Temores

"Confiando en Dios podemos pasar las aguas profundas de la VIDA"

Johanna Guale
Autora

INTRODUCCION

Este libro va dedicado, a las miles de personas que el mundo de alguna manera ha golpeado, herido, lastimado. Por esta razón están detenido, atemorizado o estancado, en el caminar con Dios, y se convertido prácticamente imposible cumplir lo que Dios nos ha encomendado.

Le esta hablando alguien que ha pasado por diferente situaciones, dificultades y temores que en un momento determinado me han detenido o paralizado.

Dios tiene un propósito determinado con cada uno de nosotros, pero en la mayoría de las ocasiones le he es imposible cumplirlo por que tu y yo hemos desviado nuestra atención, y nos hemos enfocado en la situación o problema, y se nos a olvidado el Dios que todo lo puede, y se forman cadenas alrededor de nuestros pies, que con el pasar del tiempo se hacen cada vez mas pesadas y mas fuertes sus ligaduras.

Aunque queramos caminar se nos dificulta, por los temores que llevamos dentro.

El temor es uno de los obstáculos más grande que ser humano pueda experimental.

El temor nos estanca, nos esconde, nos hace olvidar quienes somos, nos desvía. El temor es como una piedra dentro de tus zapatos. Podrás caminar una cuadra con esa piedra, Pero a medida que intentes seguir caminando tendrás que detenerte porque sino lo haces, te causara una herida en tu pie y por mas fuerte que seas, si continuas caminando será aun mas profunda la herida y, mas largo el proceso de sanidad.

No inoremos nuestros temores, porque si no los enfrentamos siempre estarán ahí dentro de nosotros.

Cuando estamos atemorizados es como si estuviéramos dentro de una cueva, donde solo hay espacio para ti, y la situación negativa que te llevo dentro de esa cueva.

Mientras mas tiempo pasemos allí mas difícil será la sobre vivencia, si es que sobrevivimos, porque podría ser que perdamos la esperanza y eso es casi igual a morir.

Mi padre terrenal murió cuando yo apenas comenzaba en los caminos del evangelio.

Su muerte fue tan inesperada que nos sorprendió a todos, y por lo tanto, causo una profunda tristeza en la mayoría de los familiares. No se a mis hermanos, pero a mi me trajo un temor increíble a la muerte, yo fui testigo de cómo la muerte de un ser querido cambia la vida de los que quedan.

Ese temor se apodero de mí por un largo tiempo. Estaba siempre a la expectativa de que algo malo sucedería en cualquier momento, no entendía el porque de esa situación, de porque Dios permitió eso.

Me paralicé, pensaba para que hacer nada o luchar por algo si al final, mi vida terminaría de la misma manera "en la muerte".

Hasta que pude entender que Dios es soberano, que si mi confianza, mi futuro, y todo lo que soy, y lo que pueda llegar a ser están en su control, y tengo que estar completamente segura de que el cuida de mí.

INTRODUCCION

En esta situación y otras circunstancias adversas que me han tocado experimentar, puedo con toda firmeza decir, que Dios ha sido fiel, que su misericordia me ha sostenido, que su brazo fuerte me ha impulsado a seguir hacia adelante. Que nunca me ha dejado y nunca lo hará, siempre estará dispuesto a socorrerme y me dará fuerzas cuando las mías se me agoten.

BENDITO SEA MI PADRE CELESTIAL. GRACIAS POR TU AMOR INFINITO.

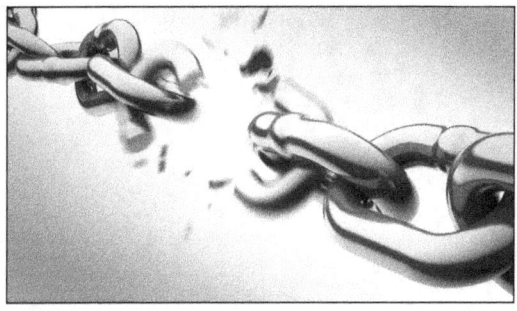

CAPITULO UNO

ATEMORIZADOS

Jesús, estando ya casi en la recta final de su jornada sobre la tierra, dijo estas palabras: Padre, si quieres pasa de mí esta copa, pero no se haga mi voluntad sino, la tuya (Lc. 22:42).
No se que opinas tu pero, a mi parecer Jesús sintió temor. Un temor que lo llevo a decir yo no quiero hacer esto, no se haga como yo quiera sino, como tu decidas.

La necesidad de Jesús por hacer lo que el Padre le había mandado a cumplir, fue mas fuerte que el temor que pudo enfrentar en esos momentos. Esto me enseña, que si tu y yo hemos decidido hacer la voluntad de aquel que nos ha llamado, y de cumplir con el propósito que se nos ha asignado, tendremos que hacer frente al temor y a las circunstancias adversas que se puedan poner en frente, será necesario apartarnos, orar una y otra vez, la comunicación con Dios es la única vía, mediante la cual, tendremos el valor para enfrentar ese gigante llamado "TEMOR".

La necesidad de pasar tiempo a solas con Dios, tiene que ser parte de nuestro diario vivir, cada día será una lucha constante entre los propósitos de Dios para cada uno, y los obstáculos que están en medio del camino.

Jesús solía apartarse, me imagino que disfrutaba cuando estaba a solas con su padre, esos monemtos en oración fueron su fortaleza, y sirvieron de guia en todo lo que tuvo que hacer.

La oración, nos ayuda a comunicarnos con el cielo, y ella nos ayudara cada día a quitar la piedra en nuestros zapatos, nos mantendrá libres, con gozo, con amor y con nuevas fuerzas, créeme que estos elementos serán de suma importancia en el cumplimiento de los propósitos de Dios en nuestras vidas.

JESUS VENCIO EL TEMOR.

¿QUE ES TEMOR?

Es una emoción o sentimiento, de inquietud, o angustia por la proximidad de un peligro o situaciones que se consideran arriesgadas, ya sean reales o imaginarias. Este sentimiento viene acompañado de un deseo vivo de evitar, escapar o alejarse de dichas situaciones.

El temor también implica, Sospecha de que algo malo o desagradable acontecerá.

TIPOS DE TEMORES.

a) El temor santo.

Este proviene de Dios y capacita al hombre para reverenciar su autoridad, obedecer sus mandamientos, evitar toda forma de maldad, o todo lo que este implicado con el pecado.

b) Temor humano.

Una consideración especial hacia otros hombres, como a jefes, magistrados, etc., en otras palabras respeto a algo o alguien, alguna reverencia hacia algo material.

c) Temor del alma.

Temor de hacerle frente a situaciones desagradables, o a encontrarte en medio de ciscuntancias negativas.

Atemorizados

Este tipo de temor es el que se tratara en las páginas de este libro. El temor que mencionamos en la primera parte de este capitulo, aquel que sintió Jesús es; un temor santo. Ese tipo de temor es el que cada cristiano nacido de nuevo necesitara para poder agradar a Dios y hacer su voluntad. Es lamentable que el pueblo de Dios carece en su mayoría de este temor, el temor que sintió Jesús y el cual pudo vencer, Jesús venció y uno de los propósitos de esa victoria, es para que tu yo no utilicemos excusas para no hacer la voluntad de Dios sino, que nos fortalezcamos en Dios y en el poder de su fuerza, si creemos en el, venceremos porque entonces, el poder que hay en Dios cobrara vida en nosotros. (Ef.1:19).

En Dios son posibles todas las cosas, no importa cuan atemorizados estemos o cuanto tiempo se halla perdido, Jesús puede darnos la valentía que necesitamos. Yo escuche a una persona decir en cierta ocasión, Dios opera en el ser humano a la medida que creamos que El lo puede hacer, esas palabras para mi fueron unas de las que se te quedan en tu mente y hacen eco en tu interior, cada vez que sientas que tu situación se torna mas y mas difícil, solo acuérdate de quien hizo los cielos y la tierra, y quien sostiene el firmamento, ese es el Dios a quien servimos, el solo espera que creamos que esta trabajando a nuestro favor, y pronto cambiara el panorama de tristeza en que nos encontramos por uno de alegría.

Dios tiene maravillosas bendiciones para su pueblo, pero existen factores en nuestras vidas que pueden detener esas bendiciones estos factores, se convierten en obstáculos los cuales nos detienen, será necesario pasar por encima de esos obstáculos y arrebatar nuestras bendiciones. Puede que usted diga ¿Por qué? si ya Dios estableció esas bendiciones, yo no tengo que hacer nada para obtenerla son mías me pertenecen, eso puede que sea cierto pero leyendo el libro de Jod, y a través de mis experiencias y de los testimonios de los compañeros del evangelio he podido entender y aprender, que los planes de Dios para su pueblo son de bien pero existen circunstancias causadas por nosotros mismos, o por situaciones las cuales no hemos podido enfrentar con la madurez necesaria, y nos ha faltado sabiduría, para detenernos un poco y escudriñar que esta pasando, ¿porque estamos paralizado?, ¿o porque? no podemos obtener, o cumplir con lo que Dios nos ha encomendado.

Por otro lado, esta cuando Dios permite que pasemos por ciertas citaciones, que serán para el crecimiento espiritual de sus hijos.

Dios no esta sentado esperando a ver que pasa, no, el tiene todo calculado el tiene sus planes. Al final depende de nosotros si le ponemos el interés necesario para que se lleven a cabo.

ESCONDIDOS

En la edad de los reyes del (AT), existió un hombre atrevido, valiente el cual fue usado por Dios, fue testigo de su poder, en determinado momento se atrevió a rectar a Dios y a su poder. Me imagino que conocía como ese poder obraría a la medida que fuera necesario. Leyendo su historia podemos notar, un ejemplo claro de lo que sucede cuando nos atemorizamos. Las circunstancias que pasen en cada uno de nosotros en particular pueden que varíen, y también pueden variar las consecuencias, pero en cada uno de nosotros entra el temor en determinado momento de muestras vidas y será necesario enfrentarlo.

Este hombre al que me refiero, se llamo (Elías) profeta de Israel del siglo IX.

Elías desafió un pueblo que se había apartado de Dios y se había convertido en un pueblo idolatra, rebelde, se olvidaron de quien los había sacado de Egipto con poder y grandes señales, y se fueron en pos de una imagen de acera que tenían por nombre Baal

Elías los desafió, les hizo un reto y salio victorioso, quedo comprobado su firmeza y convicción en el Dios a quien servia. Indiscutiblemente este hombre era un hombre de firmeza, y valiente, bueno el conocer a Dios le daba la valentía suficiente para enfrentarse a los seguidores de Baal. (1R.18:20-40).

Mas adelante continua su historia podemos notar, que este varón esforzado y conocedor de la mano de Dios obrando a favor de su pueblo sintió temor.

Un temor que hizo que se escondiera y se paralizara, deseo hasta la muerte. Se pudiera decir que este hombre entro en un estado de depresión a causa del temor que sentía. Esto le ocurre a la mayoría de seres humanos ¿o no? No tenemos la capacidad o la valentía de enfrentar la situación por la cual estamos atravesando, y nos sumergimos en una negatividad terrible, la cual nos empuja hacia un pozo, o nos encierra en unas cuatro paredes, que cada vez se hace mas escaso el oxigeno, nos causa una profunda tristeza, o desesperación y estos sentimientos nos encadenan a una vida de soledad, aislamiento, encierro, falta de entusiasmo, y como si todo esto fuera poco, nos llenamos de amargura, dolor, terquedad, Y negativismo.

La mayoría de las personas que se encuentran afectadas por el temor, por lo general suelen esconderse literalmente hablando, pensando que el no enfrentar el problema o evitar todo tipo de confrontación relacionado con la situación por la cual están escondidos ayudara! Error ! mientras más tiempo pases en tu escondite mas se retrasara la salida. Es necesario tomar la decisión firme, y esforzarnos un poco mas y buscar una salida, de todas formas si no lo hacemos esa situación siempre estará presente, y en el momento que queramos empezar otra vez, y darle un rumbo diferente a nuestra forma de vida, no será posible avanzar ¡estarán ahí!

Lamentablemente esos cuentos de hadas, en donde se ilustra que los problemas se resuelven con una varita

mágica, en la vida real no es así. La solución vendrá a la medida que tratemos de encontrarla. Dios tiene la solución eso te lo aseguro pero tendremos que buscar su presencia para que se nos sea revelado como será posible que salgamos del escondite en donde nos encontramos. Si es que así lo deseamos, puede ser que nos acomodemos en la situación de tal forma, que no nos interese en lo absoluto una salida, o llevamos mucho tiempo con la misma situación que creemos que no hay solución. Si la hay....Si la hay.
No podemos conformarnos, siempre existe respuesta al que pregunta, y salida para el que la busca.
Yo creo firmemente, que el Dios que le dio la victoria a este hombre (Elías) en varias ocasiones, se la daría otra vez. Si Dios lo hace una vez lo puede hacer las veces que sean necesarias lo que ocurre es que le damos mas importancia al problema, y nos pasamos mencionando que grande es la situación, en lugar de decir cuan grande es el Dios que esta dispuesto a darnos la sabiduría para resolver la situación.

EXCUSAS

Elías cuando Dios se le aparece, porque Dios tuvo que salir a su encuentro, tuvo que ir hasta donde Elías estaba escondido, se encontraba invadido por el temor y sumergido en la depresión, que le causaron las palabras de Jesabel, o mejor se podría decir, las amenazas en su contra.(1R.19:3).
Dios llega a su escondite y le hace una pregunta Dios le hace una pregunta, me encanta esto ¿tu que crees?. Dios le encanta cuando tu y yo somos sinceros, el conoce todo aun lo mas profundo de nuestros pensamientos, seria bueno no esperar a que el nos pregunte, podemos expresarle todo lo que sentimos. Dios es poderoso, pero su amor sobrepasa todo los límites.
Elías le contesta tuve celos, pienso yo que eso fue una excusa, lo que en realidad sentía no era celos era temor. El

poder de Dios que hizo descender fuego del cielo por las palabras de Elías, si el se lo pedía y de igual manera confiaba, ese fuego haría desaparecer las amenazas en su contra. A veces hay personas a nuestro alrededor usadas por Satanás que lanzan palabras tan negativas en contra de los hijos de Dios que logran al igual que con este profeta del Dios vivo, logran callar nuestra voz.

Te animo amado(a) que sigas hacia delante si Dios lo hizo una vez, lo hará de nuevo, no limites el poder que hay en Dios para librarte, y sacarte del lugar en donde las palabras lanzadas en tu contra te han empujado.

Las excusas solo retrasaran el proceso de rescate, si dudas y no te animas, puede que salgas, pero ya Dios tiene otro asignado para que cumpla lo que tu no pudiste terminar (1R.19:16). Su obra tiene que continuar, Dios necesita hombres y mujeres esforzados, firmes en lo que han creído, y dispuesto a cumplir el propósito de Dios en sus vidas.

Si tienes un llamado de parte de Dios, para cumplir una tarea en específico, vas a tener que ser

valiente y esforzado, confiar plenamente en el que te llamo, que seguro te respaldara.

Delante de Dios no hay excusas, no se le puede ocultar nada el lo sabe todo. El esta conciente de muestras debilidades pero, también espera que esas debilidades sean depositadas en sus manos, y que hagamos un esfuerzo para obedecerle.

Deja que su escudo de amor, misericordia y de poder, te cubra, que su mamo poderosa te libre de toda maldad, y de todo plan en tu contra, cuyo objetivo es callar lo que Dios te ha mandado hablar.

Siempre habrá mensajeros de Baal a quienes desafiar, un poder divino que dar a conocer, pero también una Jesabel que querrá amedrentar a los escogidos de Dios.

Te animo mi querido hermano(a) que le creas a Dios, deja que las palabras de Jesabel sean como espuma a tus oídos, que son solo palabras, Satanás tratando de desviarte de los propósitos que Dios tiene para ti.

Has un reto, de salir y enfrentar esos Baales no solo eso, también tendrás que destruirlos para que sean solo recuerdos en tu mente, ya sin efecto alguno en tus sentimientos. Enfrenta el temor en el nombre de Jesús porque el venció, para que tu y yo pudiéramos vencer a través de el.

Somos más que vencedores por medio de aquel que nos amo.
(Rom.8:37)

CAPITULO DOS

¿QUIENES SOMOS?

Uno de los efectos, que produce el temor es, falta de identidad esta es la que nos identifica de las demás personas a nuestro alrededor, define quienes somos.

En los países de Latinoamérica, existe lo que llamamos célula de identidad este documento contiene datos de cada persona en particular. En los Estados Unidos (USA) le llaman identificación con foto (Picture. ID), toda persona cuando pasa a una etapa de adulta debe tener estos documentos, varían de acuerdo al lugar de residencia de cada persona. Este tipo de documentación es necesario, para hacer diferencia legal entre una persona y la otra. Cada documento de esta magnitud tiene códigos especiales, para ayudar en el proceso de identificación en todo el mundo. Puede que existan varias personas con un mismo nombre o apellido, pero con estos documentos se anulan las confusiones. En estos tiempos gran parte de las oficinas encargadas de hacer documentos legales, en su mayoría han modernizado sus maquinarias, ahora estos documentos vienen acompañados de huellas digitales.

Las huellas digitales son únicas de cada persona.

En lo espiritual, pasa algo parecido a lo arriba mencionado. Tenemos una identidad que se nos ha dado a todos los que hemos aceptado el sacrificio de Jesús en la cruz, los que hemos sido lavados con su sangre. (Ef.1:3-6). Cuando venimos a ser propiedad de Dios se nos pone un sello, para hacer diferencia entre nosotros y el resto del mundo.

Cuando estamos siendo afectados por el temor, se nos olvidan nuestros propósitos y quienes somos en Cristo, perdemos nuestra identidad.

A Satanás le encanta ver que el pueblo de Dios este atemorizado, y por ende sin identidad se le hace fácil desviarnos del camino trazado por Dios. Si no sabemos quienes somos, tampoco sabremos para donde vamos en el momento en que aceptamos a Jesús como nuestro salvador, se nos otorga una identidad espiritual, una nueva vestimenta será necesaria dejar nuestra ropa vieja y revestirnos con la nueva que nos ofrece Jesús.

Cuando sabemos quienes somos tenemos firmeza en cada uno de nuestros pasos, a su vez nos comprometemos con el reino de los cielos, porque entendemos a quien servimos. (1P.2:9) aquí explica claramente lo que somos en Dios, y cual es el propósito de nuestro llamado. Es importante que conozcamos a Jesús y su obra maravillosa de redención, si le conocemos a el, conoceremos quienes somos a través de su muerte y resurrección.

Satanás es astuto en valerse de mentiras, engaño, falsedad y todo lo que este a su alcance para impedir que conozcamos la verdad y el poder de nuestra nueva identidad. Satanás con mentiras logro engañar a los primeros padres Adán y Eva a través de un sutil difras, les robo su identidad, los desvió y les hizo olvidar los propósitos por el cual Dios los había creado. Esto sucedió en el principio y sucede hoy día y sucederá siempre, ese es parte de su trabajo, el engaño la mentira.

Mi esposo y yo somos testigo a través de las ministraciones de la palabra de Dios a diferentes personas, de las mentiras que usa Satanás para mantener el pueblo de Dios lejos de la verdad, el sabe que mientras mas conocimientos poseamos de la verdad, mas difícil le será engañarnos (2Cor.11:3), el conocimiento en Dios es necesario para contrarrestar las mentiras, y las tentaciones.

Los propósitos de Dios para con la humanidad, fueron y siempre serán de bendición (Jer.29:11). No podemos olvidar o pasar por alto que Satanás tiene como objetivo principal, contrarrestar los propósitos de Dios para con su pueblo. Quizás no se valga de una serpiente como hizo con Adán y Eva pero se disfrazara de acuerdo al objetivo que este en su blanco, o en acorde con las debilidades que cada uno poseemos, Satanás conoce de que pie cojeamos, o cuales son nuestras debilidades, y eso es punto a su favor porque lo utiliza en nuestra contra (2Cor.11:14).

Todo método que este a su alcance lo usara créeme que no pedirá permiso para interferir en tu vida, y tratar de destruir y robar todo lo que tienes, !cuidado! Porque su disfraz la mayoría de veces pasa desapercibido y logra lo que se ha propuesto, por eso es necesario el conocimiento de la palabra (la Biblia), en ella esta escrito un manual para los hijos de Dios, y nos enseñara las normas a seguir.

Necesitamos tener plena certeza que, Dios esta con nosotros, que el cuida de cada uno de nuestros pasos, que sus Ángeles acampan a nuestro alrededor. La vida del creyente no es por vista, sino por lo que creemos. Dios es fiel, y las promesas dadas por el a través de Jesús son verdaderas, solo necesitamos creerlas, y cada una de ellas tomara vida en nosotros.

LA FE

Que es para ti fe, cuando mencionas esta palabra donde se traslada tu espíritu, a tus conocimientos, creencias, esfuerzo o te trasladas al mismo trono de la gracia. Porque sin fe es imposible agradar a Dios, (Heb 11:6) si no, creemos en sus promesas y que su palabra es vida no obtendremos lo que buscamos y nunca creeremos lo que el nos dice a través de su palabra, es por medio de la fe que tu y yo conoceremos quienes somos, y las herramientas que Poseemos para hacerle frente a las adversidades de la vida, y los planes destructivos de Satanás.

Fe; es creer, confiar, o tener esperanza, la fe en Cristo nos da una nueva esperanza, una confianza en que todo estará mejor, quizás no todo te salga de la manera que lo planeaste, la fe te da la certeza y la convicción de que los planes de Dios son mejores que los tuyos, que algo hará tu Dios que cambiara el panorama de sustracción, desesperación y angustia. Mediante la fe comenzamos a creer que todo estará bien, porque Dios tiene el control de toda la situación, si el controla el universo, el mar para que no salga de su cause, como no tendrá el control de cada situación por muy difícil que sea con la fe, no te mueves de acuerdo a las circunstancias la fe hace que te muevas en acorde con lo que Dios puede hacer en esa circunstancia. Te hace creer que Dios esta trabajando en algo, que de algún lugar vendrá la salida. Por eso es que dice su palabra que sin esa Fe será imposible agradarle, no dice difícil, dice imposible.

Es necesario que el que le busca crea que le hallara, y el que le llama crea que el responderá El tiene el poder para hacer de lo imposible posible, pero tu fe en el, es lo que cambiara lo negativo en positivo, tu fe mueve el poder de Dios a tu favor.

Por medio de la fe dejas de ser tu mismo y comienza Jesús a vivir en ti la fe es un elemento esencial en la vida del cristiano, la necesitamos, es un fruto del espíritu, se cultiva cada día siendo lleno del Espíritu Santo, y tenemos que cada día buscarla con desesperación tenemos que alimentarla. De acuerdo al propósito que tenga Dios con cada uno de nosotros nuestra fe tiene que ser probada. Nos daremos cuenta por nosotros mismo cuanto conocemos a Dios y cuanto conocemos acerca de quienes somos.

¿Quienes Somos?

En medio del problema te da la salida, y por medio de la fe tienes el poder para vencer.

Nos da la capacidad de creer, esperar y poner por obra cada palabra salida de la boca de Dios para nosotros, aunque seas débil su palabra dice que todo lo puedes en Cristo que te fortalece, estas enfermo, por sus llagas eres sano, estas cansado, su brazo fuerte te sostiene.

Es importante hacer una connotación acerca de la fe, comienza en tu mente, pasa a tu corazón y de ahí, lo próximo es la declaración acerca de lo que crees y espera. Por medio de tu boca saldrá lo que hay en tu corazón, si crees que Dios tiene poder comenzaras a hablar del poder de Dios. Si crees que el es amor, comenzaras hablar de su amor, de lo que este lleno nuestro corazón de eso hablaremos. Procuremos que este lleno de Dios y de lo que el es capaz de hacer cada día es necesario hacer declaración de fe, hasta que veamos que lo imposible esta siendo posible, que la enfermedad esta cediendo o ha desaparecido, que lo oscuro ya comenzó a aclarar, sin dudar un solo instante de que todo estará mejor.

Nuestra boca será el canal para confesar que tenemos fe en Dios, y por eso esperaremos en el, en su poder en su misericordia.

Afirmémonos en Dios y en sus promesas que son fieles y verdaderas. Agrademos su corazón. Acerquémonos a el en plena certidumbre de fe.

ADOPCION

La desobediencia, trajo como consecuencia una separación, entre Dios y los hombres ¿dejo de amar Dios?, no claro que no, lo que sucede, que el es santo y su santidad no le permite hacer alianza con el pecado, pero ama al pecador, simplemente no hay comunicación entre el pecado y Dios, por lo tanto no existe relación entre ambos. Por esta razón fue necesario hacer algo para restablecer la comunicación que antes existía, un nuevo pacto con los hombres.

Jesús es el mediador de este nuevo pacto (Heb.8:6-7) la relación entre Dios y los hombres fue rota por el hombre, pero por Jesús hecho hombre, el dialogo es posible a través de su redención.

Por medio de este nuevo pacto, se crea una relación familiar entre el creador y su creación, ya no somos extraños ante Dios, ahora somos participes de las promesas, de la herencia y de la libertad que es en Cristo Jesús (Gal.4:5-7). Jesús nos compro a precio de sangre, por su sangre somos trasladado de las tinieblas del pecado y de la esclavitud, a una nueva herencia y una nueva identidad.

La adopción, es un acto legal por medio de la cual una persona ingresa a una nueva relación familiar, con todos los beneficios privilegios y responsabilidades, del que disfruta de dicha relación por nacimiento.

Tenemos derecho a la herencia es parte de los privilegios, pero también de sus padecimientos en la vida cristiana, tenemos responsabilidades que cumplir (Rom.8:17).

Te invito a ser parte de esta nueva relación con el padre es sensacional, como el te llena de su amor, te darás cuenta cuanto el te conoce, y cuanto se interesa en ti, puedes ir ante el confiadamente y te aceptara tal como eres, no esperes ser cambiado para acercarte a el, acércate a el y serás transformado, su presencia en ti ira moldeando tu corazón a su voluntad, deja que te abrase, te llene de paz. Inténtalo no te arrepentirás.

Disfruta de la nueva identidad, que el Padre nos ofrece a través de Jesús. Caminemos siempre como lo que somos hijos del creador del cielo y de la tierra. No permitamos que Satanás nos robe lo que es nuestro, el es un mentiroso y por medio de mentiras logra lo que se propone, pero mientras mas conocemos de lo que somos mas firmes estaremos en lo que hemos creído y conocido, a través de la palabra de Dios (la Biblia).

¿Quienes Somos?

No podemos divariar entre una cosa y la otra, entre dos pensamientos o dos caminos si decidimos ser parte de esta nueva relación con Dios, estemos completamente seguros de en quien hemos creído, esta firmeza alejara la desobediencia, y por ende el temor nos formara un carácter que necesitaremos, para poder vencer a Satanás y todos los disfraces que pueda usar para confundirnos y, tratar de desviarnos del camino trazado por Dios para su pueblo.

Jesús le comprobó a Satanás que tenia una identidad, cuando fue a el con mentiras tratando de desviarlo, como Jesús conocía bien quien era y su propósito a cumplir pudo reprender a Satanás con su firmeza, y con el conocimiento de la palabra (Mat.3:1-11) ¿que hizo el diablo? cuando miro que Jesús descubrió el disfraz que tenia en esos momentos, se alejo de el. Cuando conoces quien eres y los derechos que posees como hijo de Dios, el diablo tratara de engañarte pero se le complicara un poco. Tu nueva identidad te forma un carácter de valentía a través de la sangre de Jesús, por esa razón es importante que el pueblo de Dios conozca que somos una nación santa, pueblo adquirido (comprado) no somos cualquier cosa, le pertenecemos al que sostiene el firmamento, tenemos que caminar, hablar y actuar como lo que somos. Levantemos nuestra cabeza, saquemos el polvo del temor que ha entrado en nuestro corazón. Declaremos una y otra vez con voz firme.
<u>Somos, Hijos del creador de los cielos y la tierra. Amen</u>

LIBERTAD

Antes de ser adoptados, y venir a ser participe de las riquezas del reino de los cielos, y ser coherederos de una promesa de vida eterna. Andábamos en esclavitud por causa de la desobediencia, y del pecado.

Ya dentro de la adopción y de la nueva identidad la liberación viene incluida en el paquete de redención por medio de Jesucristo. El padre nos ha librado de las garras de la muerte y nos ha dado vida, ahora tú y yo somos libres del lazo del pecado y pertenecemos al reino juntamente con Jesús (Col.1:13).

Antes de la adopción éramos esclavos y teníamos un sello de maldad, le pertenecíamos a Satanás, pero ahora por medio del la sangre de Jesús han sido rotas las cadenas del pecado que nos ataban a una vida de esclavitud, ahora somos libres hemos sido comprado por el Padre y somos parte de su reino. Ha sido restablecida la comunicación, la entrada al lugar Santísimo.

Si no te sientes con libertad para adorarle es porque, todavía no han sido rotas las cadenas del pecado.

El peso de nuestras culpas nos impide adorar y bendecir el nombre de aquel que nos saco de las tinieblas, y nos traspaso a su luz. Jesucristo nos ofrece una libertad, nos desliga de nuestras cadenas.

Ahora, pues ninguna condenación hay para los que están en Cristo Jesús, los que no andan conforme a la carne, sino conforme al espíritu. Los que hemos dejado el equipaje viejo, (carne) y nos hemos equipado con el nuevo, el Espíritu Santo (Rom.8:1).

Observa este termino, ninguna condenación hay para los que "están" en Cristo, en otras palabras los que están penetrado con el, y para el.

El destino de la humanidad era la condenación eterna por causa de la rebelión humana, a través de Cristo esa condenación fue abolida, y ahora tenemos una promesa de vida eterna en el. !Cuidado! por que si descuidamos dicha libertad, corremos el riesgo de volver a la esclavitud de donde hemos sido rescatados y por ende, podemos perder el regalo de vida eterna. (Gal.5:1).

Bendito Jesús que nos dio una nueva identidad, a trabes de la fe, nos adopto, y no ha hecho libre!!

CAPITULO TRES

TU LLAMADO

Mucha gente se dedico a seguir a Jesús, por todos los lugares donde el caminaba antes de empezar de lleno su ministerio sobre la tierra, dice la Biblia que subió al monte a orar y que pasó toda la noche orando (Lc.6:12-16). Después de orar por largas horas, antes de comenzar su jornada de trabajo, fue llamando a un grupo de hombres que estarían con el, (Mr.3:13-15) estos hombres le acompañaron la mayor parte del tiempo. Fueron testigos de los prodigios, milagros sanidades y del poder de Dios obrando a través de Jesús.

Este grupo de personas se les llamo discípulos. Jesús tenía muchas personas que le seguían, pero los discípulos eran especiales, tendrían el compromiso de llevar este evangelio a todos los lugares en donde fueran. Serian testigos de Jesús y por eso tenían una gran responsabilidad.

Estos hombres fueron enseñados, capacitados y enviados.

Todos los que tenemos una misión en particular, tenemos que ser enseñados,

Capacitados y después enviados. Todo esto es un proceso que no se puede esquivar ninguno de estos pasos, tenemos que seguirlos uno por uno, como fue establecido por Jesús. Si se salta el primero pensando que no tiene importancia, no se tendrá el resultado deseado.

Yo siempre digo que el reino de los cielos es como la escuela secular, se comienza por el jardín infantil, y luego si calificas pasas al siguiente
grado, no se comienza por el primer grado o el segundo no, por donde se tiene que empezar por ahí se empieza, y poco a poco continuamos el proceso de aprendizaje, escalón por escalón. Si en uno de esos grados no aprendimos lo necesario para pasar al siguiente nivel, será necesario repetir el mismo grado y, comenzar desde el principio.

El Maestro tiene que estar seguro de que sus discípulos tengan la capacidad y el compromiso necesario, y que podamos valorar lo que se nos ha entregado, porque muchas veces si nada nos cuesta, no se le da el valor merecido. Tenemos que pagar un precio por el llamado, la salvación es gratis y esta disponible para todo el que la acepta, ahora ser discípulo es un llamamiento a seguir los pasos del Maestro, y ahí esta lo difícil.

Jesús tiene el privilegio de escoger conforme a su voluntad, y sus propósitos a hombres y mujeres y los capacita, para que podamos ejercer su llamado.

La palabra discípulo significa
(Alumno aprendiz).

Estaba Jesús con sus discípulo y se le ocurre hacer una pregunta ¡le encanta preguntar!, Jesús lo sabe todo es simplemente que quiere saber el grado de cinseridad con el que le respondemos.

La pregunta fue sencilla, ¿¿Quien dicen los hombres que es el hijo del hombre? y la mayoría contesto lo que habían escuchado acerca de el, pero la respuesta de uno de ellos llamo la atención del Maestro.

Por la misericordia de Dios he tenido la oportunidad de ser maestra de escuela bíblica en
varias ocasiones, y que regocijo siento cuando surge alguna pregunta y uno de mis alumnos contesta correctamente, para mí, eso es señal de que están aprendiendo algo acerca

de la enseñanza impartida. Me imagino que Jesús sintió una gran alegría con la respuesta de su alumno (Mt.16:13-16).

Este alumno al que me refiero se llamo Pedro. Me imagino que Pedro estaba atento a cada palabra que salía de los labios de Jesús. Si prestamos la atención necesaria a las palabras del Maestro, cuando el preguntara le contestaríamos como el espera que respondamos. Nuestra experiencia personal, determinara cuanto hemos aprendido, y no dependeremos de otra persona que tiene diferentes experiencias y diferente llamado.

Cada uno en particular necesitamos una relación personal, una revelación. Así cuando hablemos sobre lo aprendido contaremos los cambios operados en nosotros desde que conocemos a Jesús. Entonces podremos hablar con firmeza, de lo bello y maravilloso que es estar cerca de el, no por las experiencias de los demás sino, que tendremos nuestras propios momentos de intimidad con Jesús.

¿Quieres ser seguidor o quieres ser discípulo de Jesús?.

Los seguidores, no tienen compromiso escuchan son parte de la multitud o de las enseñanzas, les gusta escuchar acerca de Dios. Yo he tenido la oportunidad de invitar a la iglesia a ciertas personas con motivo de algún evento en especial, o simplemente por el deseo que conozcan de Jesús, y la mayoría contesta estas palabras, o si, voy a llegar me gusta escuchar acerca de Dios. Nada mas, ahí termino todo, solo escuchan no retienen, no aprenden.

Los discípulos escuchan y ponen por obra lo que han escuchado. Ser discípulo tiene un precio que pagar, una responsabilidad que cumplir, un Maestro a quien escuchar, una meta que seguir, un premio que conquistar.

La respuesta de Pedro le agrado tanto a su Maestro, que lo sella en el instante con el llamado, ¿te das cuenta? la importancia de una respuesta correcta a una pregunta del Maestro (Mt.16:17-19).

Acepta su llamado, quizás te sientes sin experiencia ¡noticia! todos somos incapaces de hacer algo por nosotros mismos, es solo a través de su gracia que obtenemos capacidades.

La habilidad para hacer las cosas se adquiere en el camino, en acorde con la disposición de aprender y de seguir con la misión. Si estamos dispuestos a aprender y hacer las cosas lo mejor posible créeme que avanzaremos. En el camino se encuentran obstáculos, pero el que nos llamo nos respaldara, ayudara y sostendrá.

No tengas temor, eso puede ser un gran obstáculo entre Dios y sus propósitos contigo. Si Satanás logra atemorizarte en alguna área te encarcelara. Tu tienes la decisión de aceptar lo que Dios te esta entregando.

Su Espíritu en nosotros nos da la valentía que nesecitaremos en medio de las batallas.

(2 Tim.1:7). Dios nos llama a ser valiente poderoso es el para librarnos.

Los seres humanos no somos perfectos tenemos actitudes en su mayoría incorrectas, que muchas veces dificultan nuestro caminar al lado del Maestro.

A medida que le conozcamos, sabremos que le agrada y aprenderemos a no cometer los mismos errores, su presencia en nosotros nos ayuda a mejorar nuestra manera de vivir. Cuando el crece en nosotros las malas actitudes comenzaran a desaparecer, y algo nuevo y diferente, se ira construyendo en nuestros corazones.

Pedro mas adelante fue reprendido por su Maestro. (Mt. 16:22-23) de la misma manera nos ocurre a todos, la perfección se encuentra con cada error cometido, es de humanos equivocarse, lo que no podemos hacer es, concentrarnos en los errores, sino en repararlos y no volver a tropezar con la misma piedra una y otra vez. La piedra no se moverá del medio del camino, pero nosotros con la ayuda del razonamiento una capacidad que cada ser humano posee, podemos levantar el pie y pasar por encima de la piedra para no tropezar con ella. No esperes ser perfecto para comenzar a trabajar para el, lo que necesitamos es disponernos a ser usados por Jesús.

El alfarero comienza con un poco de barro y lo moldea una y otra vez hasta obtener la vasija que quiere. Nuestra mirada tiene que estar enfocada en el alfarero, que de el depende la forma que quiere que obtengamos de acuerdo a su voluntad. El hará de nosotros vasijas útiles para su reino, y las llenara de su gloria.

Jesús no escoge a los perfectos, escoge los imperfectos para perfeccionarlos en el.

No rechaces su llamado el quiere usarte para mostrarle al mundo su gloria. (1Cr.1:9).

En alguna área el Alfarero te esta moldeando, quizás ni siquiera te estas dando cuenta, mas adelante entenderás que todo tiene sentido, que todo tiene un porque y para que. A los que aman a Dios todas las cosas son para nuestro bien, los que conforme a su propósito hemos sido llamados (Rom.8:28).

El pone en nosotros el querer como el hacer. Si algo esta inquietando tu corazón para hacer, ya sea en tu congregación, trabajo, en cualquier lugar donde sea posible esparcir esta semilla de verdad, no te detengas comienza a accionar tu fe, si no lo haces nunca experimentaras el poder de Dios a través de ti.

Llamamiento (elección, vocación). Somos salvados y también somos llamados tenemos una vocación, una carrera, somos seleccionados para algo en especifico (Ti,1:9), tenemos un llamamiento santo, no menosprecie lo que Jesús quiere entregarte. Abre tu corazón y recibe su bendición comienza a reaccionar y a ser valiente, que la mies es mucha y los obreros somos pocos.

Jesús necesita de cada uno de nosotros para que su reino sea dado a conocer en la tierra. Entrega tus temores y todo lo que impide que tu vida marche en acorde con su voluntad en las manos del Alfarero, el sabrá el lugar donde colocarte y en el momento oportuno te enviara.

ESFUERZO Y VALENTIA

Todos los obreros los que hemos aceptado el llamado de Dios de trabajar para el, requerirá de nosotros, esfuerzo y valentía para poder continuar con el trabajo designado. Unas de las estrategias mas usadas por Satanás, para detener el crecimiento del reino de los cielos aquí en la tierra, es el Desanimo este mal es como una enfermedad, que te aísla de los demás, te hace sentir con frustración, sin metas, sin deseos de seguir hacia delante.

Satanás ha logrado de muchas maneras infiltrar en el pueblo de Dios esta enfermedad, y se riega como si fuera una enfermedad contagiosa, comienza con una persona y rápido va afectando a todos los que rodean a esta persona.

Cuando una persona esta sufriendo de una enfermedad, esta imposibilitada para hacer cosas que las demás personas pueden hacer. Si un discípulo se desanima, se enferma, y se paraliza.

El desanimo al igual que el temor incapacita al pueblo de Dios, nos aleja de conquistar los retos que se nos presenten, estos factores combinados nos hacen vivir en derrota.

Después de la muerte de Moisés, Dios ya tenia en la mira la persona que continuaría con la tarea encomendada por Dios. Este joven sin experiencia, pero con una disposición tremenda de hacer lo que Dios le mandara a hacer, estaba atemorizado ante este gran reto, quizás el mas grande que jamás halla tenido que enfrentar. Este hombre fue Josué, que gran responsabilidad se le estaba encomendando. Era necesario su esfuerzo y valentía, para completar lo encomendado. Mí amado hermano(a) tú y yo también tendremos que hacer lo mismo.

Tu Llamado

Algo que me enseña Dios a través de estas palabras dadas por el mismo a su elegido. No le dice necesitaras bellas palabras, o ropa elegante, o tendrás que tener cierto grado en la universidad, o tantos años en esto o en aquello, todo eso es bueno, no mal interpreten mis palabras, lo que quiero enfatizar es, para que Josué cumpliera con su llamado de pasar al pueblo de Israel al otro lado del Jordán, tenia que ser valiente y esforzado. Dios le demando a este hombre esfuerzo y valentía (Jos.1:9).

Así te dice Dios esfuérzate y se valiente el esta contigo, y si el esta contigo nadie te podrá hacer frente. Procura mantener su palabra en tu corazón y cumplirla, del resto se encargara el.(Jos.1:8).

Valiente significa pasar por encima de cualquier obstáculos que este al frente de ti, en este caso el Jordán, no se cual sea el impedimento que esta deteniendo que pases al otro lado, lo que si se es, que necesitaras ser valiente para decir ábrete mar que por ahí voy, porque me envía el Dios todo poderoso.

Tendrás que luchar en contra de muchos obstáculos y aun en contra de Satanás, el se lanzara con todo lo que tiene para tratar de impedir que llegues al otro lado.

Los grandes retos siempre requieren de personas dispuestas a hacer cosas sobrenaturales, que los demás no se atreven a hacer.

Dios esta esperando que desarrolles tu valentía en el, a través de la fe.

Imagínate, si Josué hubiese dudado del llamado de Dios de avanzar, se hubiera quedado el, y los que con el venían, pero porque se atrevió a confiar pudo ver el poder de Dios, ya no a través de Moisés ahora a través de el. Ese fue su mayor reto confiar en Dios. Creerle a Dios siempre será un reto para cualquiera.

Dios necesita de hombres y mujeres que acepten el llamado y no tan solo eso, que confíen plenamente en el que los llamo.

Esfuerzo significa, acción enérgica del cuerpo y del espíritu para conseguir algo.

Pensemos un poco. Si tú trabajas unas ocho horas diarias, en un periodo de cinco días. Llega una etapa que requiere que trabajes en lugar de ocho como estabas acostumbrado trabajaras doce, le aumentas a tu cuerpo diariamente cuatro horas, que serian unas veinte horas mas a la semana. Tu cuerpo y tu espíritu requerirán un esfuerzo para poder cumplir con tu trabajo ¿cierto? Si te sientes cansado a mitad de la semana, no te quedas en la casa y ya no vas al trabajo, será necesario de un poco mas de esfuerzo para que llegues a completar la semana.

Yo siempre digo que trabajamos para Dios, y quizás no te pague cada fin de semana como en un trabajo secular, pero de que paga, conforme a la obra de nuestras manos y paga bien, no se queda con nada. Recompensa cada esfuerzo que hacemos.

Toma animo mi hermano(a) sigue hacia la meta hay muchas cadenas que romper victorias que obtener, mares que cruzar.

Jehová es poderoso tú y yo trabajamos para el.

Somos sus hijos y cada hijo posee características que provienen de su padre. La Biblia me dice que Dios es fuerte y valiente, por lo tanto tu y yo témenos estas características dentro de nosotros, hagamos que cobren vida en nosotros.

Si enfrentas obstáculos para llegar a la meta, es porque algo hermoso te espera.

Espera en Dios no te desanime no te rindas que de los cobardes nada se ha escrito.

Toma aliento en tu corazón. Dios siempre tiene una puerta abierta. Si no hay un camino créeme que el hará, uno para que pasemos. Si fue abierto el Jordán para que el pueblo pasara. Nosotros somos parte de su pueblo, y por amor a su nombre el lo hará otra vez.

El poder de Dios es, y será por siempre. Nosotros somos los que nos debilitamos y dudamos de que el siempre esta a favor de sus hijos.

Si se cierra un camino, el ya tiene uno preparado para que pases, lo importante es el no detenerse.

Confía, Confía.

EL REINO DE LOS CIELOS SE HACE FUERTE Y LOS VIOLENTOS LO ARREBATAN (Mt.11:12) AMEN

CAPITULO CUATRO

LA MULTITUD

Esta palabra tiene varios significados: muchedumbre, gentío, confusión, etc. La multitud siempre se agrupaba alrededor de Jesús. En muchas ocasiones lo apretaban. (Mr.3:9).

Jesús siempre estaba rodeado de mucha gente y podemos notar que la multitud formaban gran alboroto, por esta razón cuando alguien no seguía a Jesús porque le gustaban las palabras que decía, sino que de una o otra manera necesitaba de Jesús algún milagro, esta persona tenia que hacer un esfuerzo, y pasar por en medio de la multitud que servia como pared entre Jesús y las personas que necesitaban ayuda.

Para Jesús el hecho de que la multitud le siguiera, en cierta forma le era un poco incomodo, pero necesario (Mr.3:7-9).

Yo no se que hubiera hecho estando en los zapatos de Jesús, a mi en particular no me gusta estar en lugares pequeños sin facilidad para moverme, pero que bueno que Jesús fue y será único. El no es como ninguno de nosotros por el contrario nosotros tenemos que ser como el es.

En el ámbito secular la multitud es símbolo de agrupación de personas con un mismo sentir. En lo espiritual seria lo mismo, la multitud puede convertirse, en una presión negativa que te impedirá obtener la bendición de Jesús, o positiva que te ayudara en tu caminar al lado de el, puede hacerte mas fuerte y enfocado en lo que quieres hacer para Dios, o simplemente puede convertirte en uno mas dentro de la multitud.

Siempre me ha encantado, la historia de la mujer con el flujo de sangre, que fue sanada por Jesús. Para poder entender un poco del gran azote que padecía esta mujer, y como la multitud puede ser obstáculo entre tu fe, y la necesidad de alcanzar a Jesús, tenemos que caminar un poco en sus "zapatos", bueno sandalias en este caso. (Mr.5:24-34).

Esta mujer sufrió en su momento, la dificultad que formaban las personas agrupadas al lado de Jesús. Podemos ver claramente a través de la Biblia, como esta mujer tuvo grandes obstáculos, antes de llegar a donde estaba su bendición.

En la mayoría de los países alrededor del mundo, existen carreteras que dirigen los vehículos que transitan por ella hacia diferentes puntos.

Estas carreteras tienen letreros, con símbolos o letras que identifican el lugar hacia donde te diriges. Esta mujer pareciera que había visto algún símbolo, o señal en medio de aquella carretera desierta por donde caminaba.

La gente pudo hacerlo un poco difícil para ella, pero no imposible, esta mujer tenía la disposición de salir de aquel laberinto en que se encontraba, en el cual estaba dando vueltas sin encontrar una salida.

Esta mujer había gastado todo lo que tenía en busca de un alivio o respuesta a su sufrimiento (Lc.8:43). Así pasa con muchos de nosotros quizás, no perdemos dinero, pero perdemos tiempo buscando respuesta en lugares equivocados.

Abecés nos movemos de un lado a otro, de una congregación a otra, queremos con ansiedad encontrar ayuda, pensamos que talvez cambiando de lugar, trabajo, o de domicilio, se calmara toda nuestra desesperación, no es así el único que puede darnos alivio y respuesta se llama Jesús. No es el lugar en donde estemos que necesita cambios

La Multitud

somos tu y yo, que necesitamos cambiar nuestra manera de pensar, de vivir, de actual.

Esta mujer fue de un lugar a otro y no encontraba lo que buscaba, ¡hasta! que escucho, que Jesús pasaba por su ciudad con su manto de sanidad y misericordia. Jesús esta pasando por tu casa ahora aprovecha y tócalo, tócalo.

Atrévete a pasar por encima de la multitud y tocar al Maestro.

Esta mujer yo la considero valiente, se atrevió y venció el que dirá la multitud que le rodeaba.

La gente poco puede hacer por ti amado hermano(a) si algo pueden hacer es solo, por que Dios lo pone en sus corazones para que lo hagan, de lo contrario puede que sirvan de obstáculos para alcanzar lo que queremos y anhelamos.

Muchas veces es necesario olvidarnos de la gente que nos impiden ver con claridad lo que esta delante.

Cuando estamos en medio de la multitud, se nos dificulta poner en claro nuestros objetivos.

La agrupación de gente hace alboroto, en los alborotos existe lo que se llama (bullicio) todas las personas hablando al mismo tiempo y a ninguna se le entiende, y si tu estas escuchando la voz de ellos no

puedes escuchar la voz de Jesús hablándote, diciéndote por donde esta el camino de salida. Es imposible escuchar dos voces al mismo tiempo, o escuchamos una o la otra.

Cerremos nuestros oídos a la voz de los de demás, y que se habrá a la voz del Espíritu Santo. Dirijamos nuestra mirada mas allá de todo lo que esta alrededor, y miremos hacia arriba donde esta el trono de la gracia, ahí esta el socorro que necesitamos. (Heb.4:16).

Yo misma en innumerables ocasiones he tenido que dejar a un lado todo lo que me impide o me aparta de Jesús, para tocar su manto, despegarme de la multitud e irme a solas con el, para poder escucharle, al instante recibo sanidad a mi alma o cuerpo, y claridad en mis pensamientos. Separemos

cada día un momento para estar a solas con Jesús, eso marcara una diferencia tremenda en cada circunstancia de nuestra vida.
La gente puede también causarte heridas ¿Cómo? con sus palabras, o con sus hechos nos dañan, nos detienen, nos alejan de la voluntad de Dios.
¿Te acuerdas de la serpiente que engaño a Adán y Eva?, no fue la serpiente, esta fue solo el instrumento que ejecuto el propósito de Satanás y lo ayudo a que se cumpliera. De la misma manera el sigue usando a cualquiera que este dispuesto a dejarse usar por el, una serpiente, una persona o una situación. Lastimosamente en la mayoría de ocasiones las personas que nos rodean son usadas como instrumento, para detener el crecimiento de la semilla plantada por Dios en nuestros corazones.
La serpiente estaba en medio de ellos, igual que los demás animales, así mismo esta la gente en medio de nosotros ¡claro esta! Que no todas las personas son iguales, pero el trigo y la cizaña crecen juntas, solo aquel que es el dueño de la siembra sabe cuando sacar la cizaña para que no dañe el trigo.
Esta mujer venció el miedo que le provocaba la gente alrededor. Siempre habrán personas que rodeen al Maestro, eso no significan que sirvan de ayuda, hoy día el mundo esta tan agitado y cada persona busca como ayudarse ella misma, en pocas ocasiones ponen un paro a sus necesidades para ayudar a otro, el proverbio "sálvese quien pueda" se ha convertido en una frase del diario vivir, la verdad, estamos muy ocupados para sacar un poco de tiempo para alguien que necesite de nuestra ayuda.
Unos de mis salmos favoritos dice, de donde vendrá mi socorro, mi socorro viene de Jehová quien hizo los cielos y la tierra, (Sal.121) ese es nuestro ayudador el moverá el corazón de los demás, y los usara como instrumento para ayudarnos. Dios siempre estará dispuesto a socorrernos.

La Multitud

Jesús tenía muchas otras cosas para hacer. Jairo un principal de la sinagoga, su hija estaba a punto de morir, y era de urgencia que Jesús fuera a su casa, pero en medio de todo eso Jesús se detuvo para ver que, había pasado con aquella mujer (Lc.8:45-47). Jesús siempre tendrá tiempo para el que quiere verle. El saca tiempo de su apretada agenda, y se digna en escucharnos, el nunca estará ocupado para aquel que le busca.

Olvídate de la multitud, ignora el bullicio que provoca el conjunto de las muchas voces, y toca a Jesús, que su toque cambiara el rumbo de tu vida, así como lo hizo con esta mujer del flujo de sangre, así también lo hará con todo aquel que desee o necesita ser tocado por el.

¡CLAMA, CLAMA!

Existe algo sobrenatural cuando clamamos, clamar es algo mas allá de una oración, es dar voces pidiendo ayuda.

Pedir una cosa con pasión y desesperación.

Dios dice clama ¡a mi! que yo te responderé (Jer.33:3), un verso muy conocido pero poco practicado. Creo con seguridad que nos hemos olvidado de clamar al Dios todopoderoso, y muchas veces no obtenemos lo que buscamos.

Confundimos lo que es conformismo con la disposición de esperar en su voluntad.

La multitud, quizás intente callar tu voz, pero no sedas sigue clamando a Dios que el te contestara. Hazlo como si te estas quedando sin aliento, y te encuentras en un elevador que de repente dejo de funcionar con tigo adentro.

Pide ayuda al que que te la puede facilitar, no pierdas tiempo escuchando voces negativas abre tus labios, clama con pasión y desesperación. Si estas enfermo y nadie puede hacer nada ¡clama! no tienes trabajo ¡clama! tus hijos están rebeldes ¡clama! Si no vez un resultado inmediato no te preocupes, que Dios trabaja aun en medio del silencio, lo importante aquí es no dejar de creer.

Otro obstáculos que puede hacer la gente que esta alrededor de Jesús, es tratar de paral tu voz, para que no llegue tu clamor a los oídos de el. La Biblia relata otro milagro de Jesús que tiene que ver con la multitud y el callar tu voz.

Estaban dos ciego mendigando, de repente escucharon que Jesús pasaba por el camino donde ellos estaban (Mt.20:20-34).

Estos ciegos no perdieron el tiempo, ya habían estado así bastante años para perder la oportunidad de ser sanado.

Estos hombres clamaban con ímpetu, con pasión, gritaban a quien ellos sabia que podía sanarlos. ! Señor hijo de David ten misericordia de nosotros ¡(ver.30), pero la gente en lugar de ayudarlos para que recibieran lo que buscaban, intentaban callarle, pero la necesidad de aquellos hombres fue mas fuerte y mas poderosa, que la presión de la multitud para que callasen. No se rindieron volvieron a clamar.

Jesús se detuvo movido a misericordia por el clamor de aquellos hombres. Su misericordia por nosotros es eterna, siempre estará dispuesto a socorrernos. Otra vez Jesús pregunta, acaso no sabia que era lo que estos hombres estaban clamando, si claro que lo sabia, pero les pregunto, ellos respondieron sin perder tiempo (al grano), mi país de origen es la Republica Dominicana nosotros utilizamos una frase que dice (a lo que venimos) en otras palabras hagamos lo que tenemos que hacer sin perder tiempo, estos hombres actuaron con rapidez, respondiendo a la pregunta de Jesús, los toco al instante, y fueron sanados.

Si estos hombres hubieran hecho caso de la multitud que les decían que se callasen ¿crees que hubieran recibido la vista? ¡No! ellos clamaron hasta que se detuvo Jesús.

No dejes que la multitud te detenga, avanza pasa por encima de los obstáculos y recibe tu bendición.

La Multitud

En estos dos milagros existen varios factores fundamentales.

    a) la multitud,
    b) la desesperación
    c) tiempo prolongado
    d) valentía
    e) vencer los obstáculos
    f) el toque sanador de Jesús
    g) la fe
    h) el milagro.

Jesús te dice, ve en paz, tu fe te ha salvado sed libre de tu azote.

El que pide recibe, el que toca se le habré, el que llama se le responde, (Lc.11:9-10).

Llama a Jesús que el te contestara, háblale que te escuchara, tócale que el te abrirá.

Clama a mí, que yo te responderé, y te enseñare cosas grandes y ocultas que tú no conoces. (Jem.33:3).

CAPITULO CINCO

MARCHANDO

En los tiempos que nos ha tocado vivir, el pueblo de Dios se ha envuelto en un círculo llamado, CONFORMISMO. Lo que quiere decir que nos estamos adaptando a las difircutades, enfermedades, problemas, y se nos esta olvidando a que Dios servimos. Estamos tomando una actitud pasiva antes los dardos de fuego lanzados por nuestro enemigo, cuyo objetivo es que nuestra fe se valla espumando, y poner barreras para impedir que avancemos.

Jesús nos dejo escrito, que en el mundo tendremos aflicción, (Jn.16:33) en otras palabras es necesario pasar por dificultades, el hecho de que seamos cristianos no nos exonera de los problemas, estamos en este mundo, y todo lo que hay en este mundo de una o otra manera nos afecta, pero también es muy cierto la otra parte de este versículo que nos dice confiad, yo he vencido al mundo.

Claramente se nos deja saber, que ante los problemas y dificultades, siempre tenemos que confiar, porque en Cristo somos más que vencedores por medio de su sangre. El venció para que tu y yo venciéramos a través de el.

Siempre habrá algo que se nos ponga delante, para impedir que avancemos.

Existe por así decirlo una confusión de términos o responsabilidades. Confundimos conformismo, con el esperar en Dios, en que se cumpla su voluntad. De esta manera pasa el tiempo y en lugar de marchar como soldados de Jesús, todavía no hemos dejado la comida de recién nacidos, los procesos de crecimiento se han retrasado, y seguimos en el mismo lugar que cuando empezamos, el tiempo va pasando, y seguimos dando vueltas. La irresponsabilidad comienza a formar parte de nosotros por el hecho de que no hacemos lo que Dios nos ha mandado a hacer.

Conformismo: Adaptarse a cierta situación sin poner resistencia.

Pongámoslo de esta manera, tienes una cita rutinaria con tu doctor, le expresas una inquietud de un dolor en el estomago. El doctor manda a hacer los exámenes rutinarios, de repente en unos de esos exámenes, notan una sombra fuera de lo común en alguna área de tus intestinos, y los resultados finales deducen que tienes cáncer intestinal.

El conformismo, te lleva a adaptarte a esa situación sin poner resistencia, la expresión que comúnmente se escucharía de una persona conformista seria, bueno si "Dios así lo quiso" yo no puedo hacer nada en contra de su voluntar. Una persona de fe que conoce al Dios de los milagros diría, yo se que Dios tiene el control, que Jesús murió en la cruz del calvario, y por sus llagas yo soy curado(a) no seré sano, yo soy, en termino presente. La fe hace que declares día a día tu sanidad hasta ver que la situación cambie. Si llega la aflicción o la enfermedad una persona de fe, con sus palabras hace que la situación negativa, o enfermedad sean pasajeras, por el contrario la que es conformista como se adapta a la situación o problema, con su actitud pasiva ante la situación, hace que forme parte de su diario vivir.

Se nos hace más fácil no poner resistencia y dejarnos llevar por la corriente de este mundo, que renovarnos cada día en el poder de su espíritu (Rom.12:2). Si nuestra mente no recibe esa renovación a través del Espíritu Santo, créame que nos dejaremos llevar por cada cosa, o acontecimiento que veamos o escuchemos. Mediante esa renovación recibimos palabra fresca de parte de Dios a nuestro espíritu.

Tenemos que ser renovados día a día, cada día trae su propio afán y sus dificultades, solo a través del Espíritu de Dios en nosotros podremos salir victoriosos, y conoceremos cual es su perfecta voluntad para nuestras vidas. Si los vientos son contrarios, se necesita coraje y firmeza para seguir remando sin dejar caer tus manos, si lo hacemos nos hundiremos porque la corriente nos llevara hacia donde ella así lo desee. Salir del conformismo es creer que Dios, si no existe un camino el hará uno por donde tu y yo podamos pasar, todo por el poder de su amor hacia nosotros.

AL OTRO LADO

El pueblo de Israel con la gran amenaza del faraón y su gente en caballos furiosos, por la libertad de aquellos que durante mucho tiempo estuvieron sujetos a su yugo, los perseguían con la intención de destruirlos. (Ex.14.5-10).

Eso por un lado, por el otro, en frente tenía el mar. Imagínate la preocupación de esta gente y la de su líder (Moisés) ¿y ahora que hacemos? Algunas veces estamos rodeados por todos lados y pareciera que no hay salida, nos sentimos tan agobiados que desearíamos salir corriendo, o hacer como la tortuga, que cuando se siente en peligro se esconde dentro de su caparazón.

No podemos escondernos o correr eso nos hará más débil aun, o más cobardes, mientras que si hacemos frente a la situación, aprenderemos a dar pasos con firmeza, creceremos y nos haremos más fuertes.

Dios nos llama a que marchemos en pos de la tierra prometida, que salgamos del yugo de esclavitud en donde hemos estados ya por mucho tiempo.

Ignorar el problema no lo solucionara, o dejar que pase el tiempo menos, si lo enfrentamos por difícil que sea será una vez y listo, si no lo enfrentamos será toda la vida.

Dios le dice a Moisés, no me llames, sabes lo que tiene este pueblo que hacer ¡Háganlo! (Ex.14:15).

Dios le dio un mandato, paremos de pensar y empecemos a actual. Si ya Dios mando a marchar no importa lo que se pueda poner enfrente, lo que el dijo que sea será. Si el mando, primero puso a disposición las herramientas necesarias para vencer, solo tendremos que aprender a usarlas y usarlas con seguridad. No importa cuan insignificante sea tu herramienta con la mirada puesta en Dios, será el arma mas poderosa.

Moisés lo que tenia en sus manos era una vara, la cual usaba como herramienta cuando era pastor de ovejas (Ex.3:1). Esa vara fue la que Dios mando que usara para dividir el mar rojo. (Ex.14:16).

Dios no necesita de grandes instrumentos para hacer sus prodigios, necesita hombres y mujeres, que crean que en el, y que se Valera de cualquier cosa para cumplir con su propósito en nosotros.

Al otro lado esta tu milagro, pero tienes que empezar por creerte a ti mismo que Dios esta con tigo con brazo fuerte, y que abrirá caminos en el desierto y mandara la lluvia en la sequedad. No había un camino para el pueblo de Israel, Dios hizo uno especialmente para ellos. Comenzaron a marchar según la palabra que se les había dicho.

Eso hace la fe no el conformismo. No te conformes, llena tu ser con valentía y confianza. Alza tus manos a Dios para que el te guíe.

Si este pueblo no hubiera obedecido la voz de avanzar, hubiese regresado a su esclavitud, es bonito estar libre no regresemos de donde Dios nos ha sacado.

GRANDES OLAS

En cierta ocasión mi familia y yo estábamos disfrutando de un lindo día en la playa, nuestros hijos estaban nadando y se deleitaban con el mover de las olas.

Mi esposo y yo nos quedamos en la orilla observando como las olas iban y venían, y no se salían de su nivel llegaban hasta cierta distancia y desaparecían. De momento estas mismas olas dejaron de tener aquel movimiento normar, y comenzaron a hacerse mas alta con cada movimiento. Se formo tremendo alboroto, los que estaban adentro corrieron hacia fuera tan rápido como las olas avanzaban hacia ellos, los que estábamos en la arena comenzamos a gritar salgamos de aquí, en instantes la playa quedo completamente vacía. Después de unas horas regresamos y todo había pasado sin novedad, no victimas simplemente un susto. Las olas regresaron a su normalidad es impresionante como Dios tiene el control de todo, lo que quiere decir que por fuertes o grandes que sean las olas de tu vida el tiene el control y puede mandar a que vuelvan a su nivel.

Los discípulos de Jesús, pasaron algo

Similar era un día como los demás, el Maestro había ensenado, seguro todos estaban cansados, agotados por las largas horas bajo el sol. Jesús les dijo pasemos al otro lado, ya estuvimos lo suficiente aquí es hora de irnos.

De repente se levanto una gran tempestad que golpeaba la barca tan fuerte que casi se hundía. (Mr.4:35-37).

Cuando un hijo de Dios ha entendido lo que tiene que hacer, y ha tomado la decisión de salir de la rutina, del conformismo, de la mediocridad, y decide pasar a otro nivel en su caminar con Dios, créeme que se levantaran grandes olas, que golpearan y golpearan, con el objetivo que tu barca se hunda.

Me agrada lo que le contesta Jesús, estos hombres estaban tan asustados que pusieron a un lado su fe, se olvidaron de los milagros que Jesús había hecho de los cuales ellos fueron testigos.

Los discípulos se desesperaron y fueron a despertar al Maestro, y se atreven a reclamarle, no ves que perecemos y tu dormido. (Mr.4:38). Si estamos desesperado o perturbados por alguna razón unas de las primera actitud es reclamar a cualquiera que se le pueda reclamar, si ya el problema esta, lo mas sabio seria buscar como solucionarlo.

Cuando nos llegue el cansancio y la fatiga por remar y remar en medio del mar, para que nuestra barca no se hunda, y en vez de calmarse la tempestad arrecia, pues es tiempo dejar de remar con las paletas de madera y comenzar a húsar las del espíritu. Te aseguro que será mucho más fácil y llegaremos mas rápido a puerto seguro, o quizás no se calmen las olas, pero si Jesús esta en medio de nuestra barca, te aseguro que no se hundirá.

Es difícil remar en contra de la corriente y mas difícil aun es cuando se levantan esas olas gigantes, que por ratos parecen que nos hundimos, ¡o mi hermano(a)! puede que los vientos sean contrarios o las olas agresivas pero mi Dios tiene el control aun de los vientos, y por amor de si mismo nos ayudara, si confiamos el no permitirá que nuestra barca se hunda.

Estos hombres no conocían quien era que había estado con ellos todo ese tiempo, pensaron que era un profeta mas, o una persona común entre la multitud, no se habían percatado de el poder de Jesús.

No se nos puede olvidar que la mar se calla al sonido de su voz, y los vientos le obedecen. No hay problema que el no pueda resolver enfermedad que no pueda sanar.

Entonces, levantándose, reprendió a los vientos y al mar; y se hizo grande bonanza. (Mat.8:26).

CAPITULO SEIS

ASOMBROSO

Dios el padre, tiene muchos atributos, les quiero compartir los que a mí en particular me fascinan de el: Su fidelidad, misericordia y su amor.

En todo este caminar desde mi inicio en el evangelio, he sido testigo tanto de la fidelidad, misericordia como del amor de Dios en mi vida, y en la vida de los que me rodean.

FIDELIDAD

Yo te puedo decir amado(a) lector que su fidelidad es incomparable, que no hay nadie que sea fiel como el, y nunca lo habrá.

Si tu madre se olvidare de ti, no te preocupes el nunca lo hecho ni lo hará (Sal.27:10). La vida puede que nos afecte con el abandono, o descuido de aquellos que supuestamente estaban para ayudarnos e instruirnos, en las diferentes etapas de nuestras vidas. Dios nunca se olvidara de sus hijos, el esta al pendiente de cada uno de nosotros

Yo fui abandonada por mi madre biológica a la edad de cinco años, las razones no las se y a estas alturas de la vida no creo necesario saberlas, mi madre biológica me fallo, no cumplió con sus responsabilidades de cuidado, y protección que un niño requiere en su etapa de crecimiento. Dios me sustento, guardo y me consoló, y como si todo eso no fuera suficiente, me sano de las heridas causadas por un abandono, Ha hecho una obra maravillosa en mi. Lo más maravilloso es que todavía sigue trabajando en mí, me sigue enseñando y me muestra día a día su fidelidad.

Satanás puede que tenga sus medios de destrucción, y siempre se opondrá a los planes de Dios en la vida de cada ser humano, pero fiel es el que comenzó la obra y el la perfeccionará.

Si te han herido no te quedes envuelto en tu dolor o sumergido en un mar de lágrimas. Si haces esto, solo conseguirás añadirle a tu dolor un poco mas de tiempo de condena con cada día que llevas ese dolor dentro de tu ser.

Preséntale tu corazón tal y como esta al Padre, que el sabrá como restaurarlo y ordenara todo el tiradero que tenemos, y todo el polvo que hemos acumulado con el paso del tiempo, mi Dios es experto en limpiar, sanar en restaurar.

El dolor que podamos sentir la mayoría de las veces produce en nosotros temor hacia las demás personas que nos rodean. Se nos hace difícil confiar en alguien por temor ser herido o lastimado otra vez.

Dios restaura esa confianza, y te librara de ese temor. Confiemos en que el nos tiene en sus manos, que nos protege y nadie nos podrá hacer daño, mientras nos mantengamos bajo su cobertura.

Satanás tratara de impedir nuestro avance, ese es parte de su trabajo, pero el trabajo de Dios va mas halla de nuestra imaginación, el nos da mas abundantemente de lo que entendemos.

Dios en muchas ocasiones es traicionado ¿ah?, Si porque son muchas las veces que el confía en nosotros, nos asigna algo y no lo hacemos. Yo, en particular me costo aprender este principio, si me duele cuando alguien lo hace con migo, a mi Padre celestial también le duele cuando yo lo ago con

Asombroso

el, pero su fidelidad con su pueblo le impide pagarnos de la misma manera. Los seres humanos en su mayoría, si nos hicieron algo, solo es de esperar la oportunidad para pagar de la misma manera nos aferramos al dicho común "ojo por ojo y diente por diente" cuando un ser humano es testigo de las maravillas de Dios se le hace casi imposible responder de una manera negativa, o tener una actitud de venganza aun seamos las victimas de alguien, y teniendo la oportunidad de lastimar o de pagar con la misma moneda, no lo hacemos porque sabemos que los ojos de Dios están puestos sobre sus hijos.

La presencia de Dios en nosotros nos ayuda a responder de acuerdo a lo que hemos recibido de parte de el, si experimentamos su fidelidad en nuestros corazones, seremos capaces de corresponder a su fidelidad en todas las áreas de nuestras vidas, y no se trata de solo experimentarla, ponerla por obra con nuestro diario vivir.

Es importante tratar de no fallarle y si le fallamos reconocer, confesar y apartarnos de todo aquello que le pueda ofender.

Reconocer nuestros errores es otro temor que cada día tenemos que enfrentar y vencer, cuando reconocemos en lo que estamos fallando no tan solo a Dios, sino también a nosotros mismos, estamos haciendo un acto de valentía, y nos encaminamos hacia un nuevo escalón, con una expectativa positiva, porque sabemos el error que hemos cometido, y sus consecuencias, y lo que tenemos que hacer para no tropezar con la misma piedra.

EN EL FUEGO

La Biblia nos cuenta acerca de unos valientes jóvenes, los cuales fueron testigos de la fidelidad, misericordia y amor de Dios para con su pueblo.
Sadrac, Mesac y Abed-nego (Dn.3:14-15).

Dios podía evitar que estos jóvenes fueran lanzados al fuego, pero no fue así. Hay situaciones en nuestras vidas que pasan porque Dios así lo permite, cada una de ellas tienen un propósito a cumplir, y el necesita que aprendamos lo que el quiere enseñarnos.

Lo que estos jóvenes hicieron, decidieron no postrarse a las estatuas que levantaron en honor al rey Nabucodonosor, tuvieron dos opciones. Como madre de cuatro hermosos niños, les digo que en la vida siempre existirán dos opciones a escoger, y cada persona decide cual será la mejor, y el tiempo nos dejara saber si fue la mejor opción la que tomamos, o por el contrario tendremos que pagar consecuencias negativas por nuestra mala decisión.

Estos jóvenes escogieron ser fiel a su Dios (Dn.3:16-17), hasta ese momento estos jóvenes no se les había presentado la oportunidad de experimentar la fidelidad, misericordia, y amor del Dios a quien ellos le servían.

Lamentablemente la mayoría del pueblo de Dios simplemente le conocen de oídos, por las experiencias de otros, no por las propias. Cantamos coritos, oramos leemos la Biblia y esta bien, es parte de nuestra nueva manera de vivir, pero cuantos dolores de cabeza nos ahorraríamos, si a las canciones que entonamos, le agregáramos vida con cada palabra que cantamos, la oración confianza y a la Biblia vivencia. Te aseguro que seriamos un misil de guerra directo al blanco del diablo, y en lugar de que sus planes prosperen en contra de nosotros, saldrá frustrado con cada derrota.

Si decidimos no postrarnos antes los ídolos que el mundo ofrece, es una prueba de que estamos tratando de ser fiel al Dios que nos ha creado, y que sabemos que el es real y tiene pleno control de nuestras vidas.

Hoy día quizás, no tengas una estatua de madera, de cristal, o bronce al frente para que te postres ante ella, pero quizás te estas postrando ante otras cosas que te alejan de Dios y de sus propósitos.

Estos jóvenes fueron lanzados en el fuego pero no fueron consumidos, pusieron su confianza en Dios y no fueron avergonzados. Jamás será avergonzado aquel que pone su confianza en Jehová, el no dejara que te caigas, permitirá situaciones que serán difícil, pero a los que aman a Dios todo las cosas le ayudan a bien. (Rom.8:28).

Dios ama toda su creación, pero a los que amamos al creador, ahí esta el detalle, a los que aman a Dios. No todos aman a Dios así que si tú eres uno(a) de los que aman a Dios tranquilo(a) todo estará bien. Todo es parte de un propósito.

MISERICORDIA

La misericordia de Dios es y será por siempre. Son nuevas cada mañana. Imagínate si no se renovara su misericordia diariamente ya no existiríamos.

Es importante que reconozcamos que su misericordia sobre nosotros es la que nos hace estar de pie cada día, (Lm.3:22-24).

Es impresionante como su misericordia, nos perdona cada falla que podamos cometer y es por su misericordia que el mundo no ha sido consumido.

Solo pensemos un instante, las veces que fallamos en hechos, en palabras o en pensamientos, pero su misericordia es más grande que nuestras fallas, y nos perdona.

Mediante su misericordia aprendes a perdonar, a compadecerte, a ayudar a servir a otras personas, entendemos que como somos perdonados por el, y disfrutamos de su bondad, también podemos perdonar a los que nos ofende, y ser participes así del galardón de Dios en nuestros corazones mostrando a otros el perdón.

DEUDA PERDONADA

Jesús hace comparación de la misericordia de Dios el padre. La compara con un ciervo que teniendo una deuda imposible para el de pagar, llegando el momento de ajustar cuentas, se encuentra en medio de un dilema. Existía una deuda que le llego el tiempo de pagar, pero no tenia como pagarla. Rogando a su señor le dijo, que le tuviera paciencia el le pagaría todo. (Mt.18:23-27).

Nuestra deuda con el rey y señor del universo es impagable, jamás podríamos por nuestros propios medios saldar la deuda del oxigeno que cada día respiramos, o de la tierra la cual no hemos comprado, sin embargo caminamos por ella libremente, del sol que nos alumbra durante el día y de la luna en la noche, o de la lluvia que moja la tierra, y hace que produzca frutos de los cuales tu y yo nos beneficiamos.

Imagínate que el padre comience a pasar cuentas por cada suspiro que damos a diario con su oxigeno ¡no!, jamás podríamos pagarle su sustento día a día, por lo tanto en agradecimiento por su misericordia sobre nosotros, sirvámosle con pasión y devoción no para pagarle, sino en agradecimiento por su bondad.

Cuidado de hacer como hizo este siervo más adelante. Teniendo el otro conciervo que le debía una cantidad mucho mas baja que la que a el le fue perdonada, este no pudo hacer huso de la misericordia que se había hecho con el, no lo perdono. (Mt.18:28-30).

Si con nosotros han tenido misericordia lo justo seria que también tuviéramos misericordia con los demás.

Dios nos perdona a diario nuestras ofensas las pasa por alto, pero nosotros la mayoría de ocasiones no somos capaces de perdonar una ofensa que nos hagan.

La falta de misericordia en nosotros es característica de un pobre crecimiento en la vida cristiana. Si no hay misericordia en nosotros no hay perdón, si no hay perdón existe resentimiento, y odio hacia aquellos que nos ofenden.

SU AMOR

El amor que comúnmente se conoce a nuestro alrededor es, un amor colectivo un amor entre seres humanos (Padres, hermanos, hijos pareja, amigos).
Estos tipos de amor en su mayoría son condicionales, y tienen cierto grado de crecimiento, puede este sentimiento crecer como puede disminuir, o desaparecer
El amor de Dios es y será por siempre incomparable, fuera de nuestro entendimiento, inimitable.
Dios es amor, y su amor no tiene fin. El amor de Dios va más allá del amor de madre por sus hijos.(Is.49:15).
Una madre puede que abandone el fruto de su vientre o se desentienda lo que ha dado a luz, ¡OH! pero
Bendito sea el Dios todopoderoso que el nunca se olvidara de su creación.

El creo a Adán y Eva con tanto amor tuvo cuidado de que no les faltara nada, y le fallaron ¿dejo Dios de amarlos?, no en ninguna manera, su error tuvo consecuencias, pero el siguió amándoles.

El amor de Dios no tiene limitaciones aunque le fallemos, el esta presto a socorrernos, claro que no debemos tomar ventaja de su amor, sino como correspondemos al amor que los seres humanos nos ofrecen, con mas ímpetu corresponder a un amor tan sincero como es el amor de Dios, que siempre esta a la expectativa de algo diferente, o de hacer algo sobrenatural.

El amor de Dios no puede ser afectado por la pasión, o desviado por la desobediencia es parte de su personalidad, y no puede ser cambiado por circunstancias. Su amor va en acorde con su misericordia (Jer.31:3).

El amor de Dios lo lleva siempre a dar una segunda, tercera oportunidad o las que sean necesarias. No es condicionar, no busca lo suyo, no se limita simplemente nos ama tal y como somos. Los seres humanos en ocasiones, hoy amamos a alguien, mañana se nos ocurre dejar de amar, ¡repito! Bendito Dios porque el no es como los seres humanos. Imagínate si su amor fuera condicionado o movido por la pasión.

Aunque su amor es gratis y verdadero algunos lo rechasan, o simplemente no les interesa, yo puedo decirte que nadie te amara como el, no lo rechace acéptalo, te aseguro que te dará una seguridad que jamás has experimentado.

El amor de Dios le da soporte a nuestro caminar, te llena, te sacia. Cuando buscamos ese amor en otras personas, o en otros lugares y buscamos aquí y allá, nos cansamos nos frustramos y seguimos buscando, porque existe un vacío dentro de nosotros que solo se llena a través de su amor, por esa razón es que sentimos como si nada tuviere sentido.

Ese amor esta disponible, solo tenemos que acercarnos a Dios en plena certidumbre de fe, y agarrar de ese amor, que suplirá la sed que hay en nosotros.

Dios no se conduce de acuerdo a como somos, se conduce de acuerdo a lo que el es. Aunque le podamos fallar una y mil veces su amor cubrirá nuestras faltas.

Hay hombres, mujeres, niños, adolescentes que piden a gritos que alguien se interese por ellos, necesitan un abrazo una palabra de consuelo. Experimenta el amor de Dios en tu vida, para que puedas ser ese vaso de amor de consuelo

Cuando abrasemos a una persona que sea algo tangible, como si fueran los mismos brazos de Dios a través de los nuestros.

Dios necesita hombres y mujeres experimentados en su amor para que el mundo sepa que el existe.

Mostremos a todo el mundo su amor, seamos un reflejo de lo que el puede hacer en cada persona, pasemos la voz de que existe alguien interesado en la humanidad.

Asombroso

Que hay alguien que ofrece amor puro y verdadero, que su amor no cambia con los tiempos, que es eterno.

Con amor eterno te he amado; Por tanto, te prolongue mi misericordia. (JER.31:3)

CAPITULO SIETE

UNA OBRA MARAVILLOSA

La mayoría de personas que hemos tomado la decisión de aceptar al señor Jesús como nuestro rey y salvador, lamentablemente venimos a sus pies llenos de lodo por tantas veces que hemos caído en el fango.

La sangre de Jesús entre las cosas maravillosas que hace, una de ellas es limpiarnos.

Anterior a su muerte, era necesario derramamiento de sangre cada año para el perdón de los pecados, mediante su muerte la sangre de Jesús fue derramada una vez y para siempre, por medio de su muerte fue hecha una redención eterna para la humanidad.

Yo no se ustedes amados lectores, pero yo estaré eternamente agradecida con mi señor Jesús, por su obra maravillosa en mi vida, la verdad que solo con la paciencia, y amor que lo caracterizan, el puede hacer que aquello que no valía nada ante el mundo llegando a sus manos, se convierta en algo tan valioso e importante para el reino de los cielos, como somos tu y yo.

Lo hermoso de todo esto es que el comienza la obra, y el mismo se encarga de darle forma de perfeccionarla y terminarla.

LA PERDONO

Un testimonio a la luz de la palabra, la mujer que fue encontrada en adulterio.

Esta mujer ante la sociedad de aquella época, estaba pronto a morir a pedradas, la acusaban y la empujaban con violencia, pero llego Jesús a socorrerla, de la burla, la injusticia, de la muerte. (Jn.8.1:5).

Esta mujer estaba contaminada por el pecado que había cometido, ante la sociedad y ante la ley, lo próximo era la muerte, no merecía estar en medio de los que supuestamente estaban limpios. Esta mujer fue unas de las primeras personas en experimentar la gracia, y el perdón a través de Jesús.

Si hay algo que me agrada de mi Jesús, que no mira como nosotros miramos, ni ama como los seres humanos amamos, el ama de una manera tan diferente, que tan solo el hecho de encontrar su amor te da una nueva esperanza.

Me imagino que esta mujer encontró en los ojos de Jesús tanta ternura, que en ese momento sintió libertad de los verdugos que procuraban su muerte. Cuando esta mujer encontró un rayo de esperanza a través de Jesús, me imagino, que no se movía de lugar porque se sintió protegida al estar frente de su salvador. No te ha pasado amado hermano(a) que llega un determinado momento en tu vida que sientes que estas pasando por una fuerte tormenta, y se empapa toda tu ropa, por el agua que esta cayendo, y buscas donde esconderte para que las gotas de lluvia no se confundan con tus lagrimas, de repente encuentras un lugar donde refugiarte, que confortabilidad sientes dentro de ti, por haber encontrado en el momento oportuno algo donde esperar hasta que la tormenta y puedas seguir tu camino. Esta mujer sintió lo mismo cuando encontró a su salvador. Ella no hizo nada solo esperar delante de Jesús, hasta que pasaran los fuertes estruendos que amenazaban su vida.

Una Obra Maravillosa

Cuando la tristeza nos agobie, las pruebas, las tribulaciones, nuestro mejor refugio siempre será Jesús, quizás no se terminen los problemas pero de una cosa estoy segura, refugiados en el encontraremos, aquella paz que sobrepasa todo entendimiento, y resistiremos hasta que todo sea una historia mas para contar, de cómo es posible tener paz en medio de las tormentas y las diferentes situaciones de la vida.

Jesús escribía en el suelo, la Biblia no menciona que escribía, usando la imaginación y como Jesús obra de acuerdo a la necesidad.

Esta mujer ¿que cree usted que necesitaba en ese preciso momento?, necesitaba misericordia y perdón, y fue lo que justamente encontró, Jesús escribía a mi entender ¡yo te perdono! Aquí estoy para socorrerte, yo te defenderé. (Jn.8:6-7).

No se cual halla sido tu situación cuando te encontró Jesús, una cosa te puedo asegurar que cualquiera que halla sido, Jesús la transformara en una bendición para ti y tu crecimiento espiritual. Ahora no esperes que los demás que han sido testigo de tu pasado acepten o vean el cambio en ti así no más, es necesario demostrar con hechos más que con palabras lo que ha pasado en nosotros. Si

Jesús ha tocado una vida, esa vida no puede seguir siendo la misma persona que era antes del toque perdonador de Jesús, su toque implica cambio.

Esta mujer fue perdonada, pero también el mismo que la salvo de sus perseguidores le dice ¡vete y no peques más! (Jn.8:11).

Lo que fuimos antes del encuentro con nuestro salvador tiene que ser cosa del pasado, a medida que nos vallamos acercando a el, tenemos que cada día ser transformado y moldeados a su perfección.

He tenido la oportunidad de conocer personas que han tenido un encuentro con Jesús, y tienen un cambio de vida al instante, otras lo hacen esporádicamente (poco a poco). También por el otro lado están aquellas que dicen haber tenido ese maravilloso encuentro con Jesús pero, sus frutos dicen todo lo contrario, sus vidas no dan el testimonio de la transformación que produce un sincero arrepentimiento.

El poder de Jesús ofrece un cambio de vida para cada uno de los que hemos decidido aceptar su amor, de lo contrario para que perder el tiempo diciendo que somos seguidores de el, el tiempo no esta para perderlo, debemos emplearlo en cultivar una buena relación con Dios y así demostrarle a las personas que nos rodean que Cristo Jesús nos ha perdonado, y que ese perdón esta disponible para todos, y que transforma nuestro llanto en alegría

UN GIRO

La historia de esta mujer con su vida de pecado, es cerrada por Jesús, con estas palabras vete y no peques más, es decir ya te perdone, rescate y te ofrezco un cambio de vida, no vuelvas al lugar donde te saque.

Esto es un tanto difícil para muchos de nosotros, según lo que el mismo Jesús me ha enseñado en mi vida de servicio a el, he podido notar, que la mayoría de los cristianos que una vez fuimos limpiados y perdonados, no le damos el valor suficiente a ese perdón y rápidamente volvemos al mismo lugar, o quizás me atrevo a decir que aun mas hondo caemos.

El cambio implicara una determinación de parte de cada persona, de que en verdad esta dispuesta a agarrarse de Jesús y de su poder para no volver atrás.

No significa que olvides lo que ya viviste porque eso seria sufrir de agnecia, lo que necesitamos es usar lo negativo del pasado para que se convierta en positivo, en el presente y en experiencias para el futuro.

Si hay alguien que siempre te estará recordando tus errores pasados es Satanás.

Una Obra Maravillosa

Mi amigo(a) ese jamás descansa, y estará pendiente siempre para traer a tu memoria todo lo negativo no tan solo del pasado también del presente. Cuando eso suceda, lo que evitara tu sufrir por sus tormentos a tu mente, y la amenaza de volver atrás, será bloquear esos dardos que llegan directo a tu mente con la sangre de Jesús. No permita que de tu mente pasen a tu corazón porque entonces se creara una fortaleza dentro de ti llamado ¡pasado! y no estamos llamados a vivir del pasado, sino caminar hacia un futuro, lleno de promesas que están en espera de que la creamos, para que tomen vida en cada uno de nosotros.

Debemos de renunciar a lo que ya fuimos lo que hicimos, o lo que debimos haber hecho, y encaminar nuestras vidas hacia adelante venciendo todo obstáculo que se pueda presentar en el camino, y mirar al blanco de la soberana vocación, poniendo nuestra mirada en aquel que nos ha salvado, limpiado, perdonado. CRISTO. Como hizo con esta mujer, el esta dispuesto a hacerlo con cada uno de nosotros. No importa cuan hondo hallamos caído, o cuan enlodados puedan estar nuestros pies, por el fango del pozo donde nos encontremos, su sangre nos limpia, nos redime. En Jesús siempre tendremos unos brazos extendidos.

Bendito sea Dios el padre que nos envió a su hijo Jesús, gracias Jesús por tu perdón.

He aquí yo estoy con vosotros todos los días, hasta el fin del mundo. Amen.
(Mt.28:20).

CAPITULO OCHO

LA PROMESA

―∞∞―

Jesús en la etapa final de su estadía en la tierra como ser humano. Le dice a sus discípulos, que no los dejaría solos que el enviaría a alguien que los guiaría, que seria el que les aclararía todas las cosas que ellos no entendían, y los llevaría a toda verdad (Jn.14:16-17).

El amor de Jesús por sus discípulos, lo lleva a declararles esta promesa.

Me imagino que los discípulos estaban preocupados, en cierta manera sabían que se acercaba la hora en que las palabras dichas por su maestro se cumplirían.

Soy madre de cuarto hijos, y la mas pequeña de ellos, desde su nacimiento siempre ha estado bajo mis cuidados, aun los ya mayores estoy pendiente de ellos, y a ellos les preocupa el hecho, si yo tuviera que ausentarme de la casa. La más pequeña me dice, mamá si te vas trabajar, yo voy contigo.

De la misma manera me imagino, estaban los discípulos de Jesús preocupados pensando en la ausencia de su maestro, que seria de ellos, cuando el no estuviera.

Los discípulos, fueron testigos de cómo los principales sacerdotes buscaban ocasión para acusar a Jesús, y como le perseguían, ellos temían el temor, que hicieran aun cosas peores con ellos.

Si fuera necesario que yo saliera de la casa para ir a un trabajo secular, de seguro tendría que buscar a una persona que cuidara de mis hijos el tiempo que yo estuviera fuera de la casa.

De la misma manera Jesús oro al padre, para que enviara a alguien que ayudara a los discípulos, cuando aconteciera todo lo que el ya les venia anunciando, alguien que se encargara de recordarles todas las palabras dichas por el, que hablare todo lo que fuera necesario, directamente del corazón de Jesús hacia los discípulos (Jn.16:13-14).

La ciencia ha avanzado de tal manera, en unos de esos avances tecnológicos han creado lo que llaman, sistema de posición global (GPS), un aparato que no importando el lugar donde nos encontremos o hacia donde queramos ir, este invento de la ciencia tiene la capacidad de dirigirnos hacia donde sea necesario llegar, ¡Tremendo verdad!.

Es una guía segura para aquellos que no somos muy buenos con las direcciones ¿verdad?

La vida del cristiano, se convierte en un nuevo estilo, con nuevas normas y diferentes formas de hacer las cosas, a como estábamos acostumbrados a hacerlas. Por esta razón es necesario, un mapa o guía, tenemos que valernos de algo para hacer las cosas de la manera indicada y caminar por el camino nuevo trazado por Jesús, necesitamos valernos de algo, que nos enseñe por donde tenemos que andar.

El Espíritu Santo es como el (GPS.) del cristiano, si dependemos completamente de su guianza llegaremos seguro hacia el lugar donde Jesús quiere que lleguemos.

Este aparato tiene gravada una voz que te dice exactamente por donde ir, si te equivocas y tomas una ruta, que no fue la que se te indico, esa voz te advierte que has hecho un error en las direcciones indicadas.

El Espíritu Santo nos habla, nos dirige es importantísimo para cada uno de nosotros estar atento a su voz, un mal calculo en las direcciones que tenemos que tomar, nos atrasara. El

La Promesa

habla directamente a nuestro espíritu, su voz dulce y suave, nos deja saber las cosas que están bien y las que están mal.

En los tiempos del antiguo testamento, antes de la venida de Jesús a la tierra, la voz de Dios era directamente hacia sus profetas. El les hablaba a ellos, y les dejaba saber mediante ellos al pueblo todo lo que tenían que hacer, pero ahora el Espíritu Santo es la voz de Dios hablando directamente a cada uno de nosotros.

Es un representante en ti en mí, de la fidelidad del padre hacia sus hijos.

Conociendo el nuestros errores y debilidades nos acepta tal y como somos, sin mucho que ofrecer, abecés ni siquiera el corresponder a su amistad, en la mayoría de ocasiones lo traicionamos, o le fallamos y el permanece fiel.

Si tenemos a alguien que consideramos nuestro amigo(a) y sabemos de antemano el historial negativo de esa persona, y decidimos darle una nueva oportunidad le brindamos una mano amiga, lo menos que se puede esperar de esa persona es que, pueda corresponder o lo que le estamos ofreciendo pero, ¿que pasaría si no fuera así?, y no somos correspondido como era de esperarse, recibiríamos una gran deserción, tratemos de no hacer lo mismo con el Espíritu Santo, hagamos lo imposible para corresponder a su amor, confianza y amistad.

UNA RELACION PERSONAL

Cuando hablamos del termino relación personal, le podemos dar diferentes definiciones, y puede tener varios significados de acuerdo al tipo de relación que nos refiramos, este conjunto de palabras nos llevarían a un solo significado, UNION. En esta ocasión nos referimos a la unión del Espíritu Santo con nuestro espíritu.

El ser humano esta formado de tres partes fundamentales. Cuerpo: es la parte visible del ser humano. Puede venir en diferentes formas y tamaños. El cuerpo esta formado por un grupo de órganos, que hacen posible el buen funcionamiento del mismo.

Alma: donde están centrados lo que podemos llamar emociones, sentimientos, y pensamientos.

Espíritu: es lo que podemos llamar aliento de vida, habiendo Dios el padre terminado su obra maestra en la formación del hombre soplo aliento en el, y fue el hombre un ser viviente (Gn.2:7). Anterior a este evento, el hombre era una creación.

Hagamos un vistazo por el segundo capitulo de Génesis, el hombre fue una creación de Dios como fueron creadas las plantas, los animales y todo lo demás, Dios forma todas las partes del cuerpo, todo lo necesario para su perfecto funcionamiento. Tenia corazón pero no latía, celebro pero no comandaba, ojos pero cerrados, en fin no tenia vida y cuando algo no tiene vida ¿esta que? muerto, no fue hasta que soplo aliento de vida en el, fue entonces un ser viviente, en otras palabras soplo de su espíritu en nosotros y nos dio vida, (Gn.2:7).

Esto nos enseña que el cuerpo y el alma sin el espíritu, no son nada simplemente un caparazón. (San.2:26) Como Dios es espíritu tu y yo podemos comunicarnos con el a través ¿de que? del espíritu, la conexión de nosotros y el Espíritu Santo nos mantiene con vida delante de Dios. Jesús le aclara a sus discípulos que el Espíritu Santo estaría con nosotros, pero especifica que estaría en nosotros (Jn.14:17) cuando esta en nosotros se convierte en parte fundamental de nuestro diario vivir.

El Espíritu Santo es necesario en nuestro caminar con el señor Jesús, el nos hace entender todo lo que no podemos percibir, y todas las preguntas que podamos tener en cuanto a un buen funcionamiento en todo lo que es la vida cristiana. Nos renueva, nos esfuerza, nos enseña.

Un niño recién nacido necesita la leche, acompañada de una buena alimentación para su sano crecimiento, así necesita

La Promesa

el cristiano el espíritu santo para crecer saludable y fuerte, mientras mas nos alimentamos de el, con mas fortaleza podemos enfrentar las adversidades que se nos presenten. Dejarlo fluir en nuestro interior, será lo que hará que crezca dentro de nosotros, no quiero decir que el sea pequeño y tiene que crecer ¡no, no, no! el tiene su personalidad y existe desde el principio de la ceración, pero en el momento en que le abrimos nuestro corazón a Jesús para que more en el, se nos sella con el espíritu de verdad, y a medidas que tu y yo permitamos que el crezca en nosotros, el lo hará.

El Espíritu Santo es un caballero, y un caballero toca la puerta, no entra sin permiso, si la abres el entrara, es todo lo contrario a un ladrón, que entra sin preguntar y se lleva lo que no le pertenece. Tu y yo somos propiedad de Jesús, ese fue el precio que el pago en la cruz del calvario pero aun así temamos que, aceptarle y decirle adelante puedes entrar en mi, toma control de todo mi ser, y Jesús lo hace a través del Espíritu Santo. Su personalidad le impide insulpar tu corazón, el quiere que le invitemos a entrar, una vez dentro de nosotros comenzara aquella unión entre Dios y nuestro espíritu, y Dios empezara a quitar todo lo que a el no le agrada, lo que sirve de obstáculo entre el y nosotros, y edificara cosas nuevas, una obra transformadora dentro de nuestro corazón.

Una vez, yo lo invite a que fuera parte de mi, que me enseñara como hacer las cosas porque las veces que lo hice por mi misma fue todo un verdadero fracaso, deje que el comenzara a moldearme a quitar lo que era impedimento en mi, para su fluir. Como un carpintero con su maltillo y clavos en manos comienza, un proyecto nuevo de construcción o reconstrucción, de la misma manera de acuerdo a los daños ocasionados por el mundo, o por nosotros mismos, será la obra del Espíritu Santo, el comenzara a hacer su trabajo, quizás tendrá que sacar clavos viejos y reemplazarlos, quitar la madera quebrada por una nueva, o poner clavos en el lugar donde esta floja la estructura.

En la mayoría de ocasiones no sabemos como hacer las cosas o que pedir al padre que haga, eso también es parte de su trabajo con nosotros, (Rm.8:26).

Pongámoslo de esta manera un teléfono celular necesita de un cargador que se conecta a la electricidad, le da carga a la bacteria para que pueda seguir funcionando, si por algún motivo se te olvidar conectar tu teléfono celular al cargador, y el cargador al recipiente eléctrico

¿Que pasara? se apagara el teléfono ¿verdad?

De la misma manera tu y yo necesitamos el Espíritu Santo para nuestro funcionamiento diario, si no te conectas con el, se apagara tu vida espiritual, o cuando ores serán solo palabras, porque ante Dios son solo vanas repeticiones. Si el esta conectado a nosotros y nosotros a el, será clara la comunicación entre el cielo y nosotros, porque nos dejara saber todo lo que es necesario saber, y nosotros hablaremos, pero también escucharemos.

Cuando venga el Espíritu de verdad, el os guiara a toda verdad; porque no hablara por su propia cuenta, sino que hablara todo lo que, oyere y os hará saber las cosas que habrán de venir (Jn.16:13-15).

El Espíritu Santo nos guía, nos consuela, nos recuerda todas las cosas, las palabras dicha por Jesús, sus obras sus milagros.

Nos revela cual es la voluntad en el cielo porque toma lo de Jesús y nos lo hace saber. En otras palabras sin su ayuda es prácticamente imposible que hagamos todo lo que Jesús dejo establecido para su pueblo.

El consolador: abecés estamos con una tristeza tan profunda, esta tan metida dentro de nuestro corazón, que solo el espíritu santo conoce esa tristeza y que la ocasionó, como solo el conoce solo el la puede sacar de donde esta arraigada.

La Promesa

No se si les ha pasado, que estamos sumergidos en el llanto, y lloramos y lloramos y no hay palabras que alivien aquel dolor tan grande dentro de nosotros, pero de repente sentimos algo calientito dentro de nosotros, como que pasan un bálsamo por el corazón y de repente ya dejamos de llorar, te preguntas ¿que paso?. Nos consoló el Espíritu Santo, como el esta dentro de nosotros, conoce nuestro interior (Rom.8:27), lo de afuera lo podemos ocultar, yo siempre digo que nosotros podemos aparentar lo que queremos que los demás crean que somos, pero con el Espíritu Santo, el tratar de hacer eso es simplemente perdida de tiempo, las personas que nos rodean solo pueden ver lo físico lo tangible, el precioso Espíritu tiene la capacidad de escudriñar, y al escudriñar saca lo que esta escondido.

El Espíritu Santo es real, abecés lo ignoramos o no le prestamos la atención necesaria, cuando su única intención es de ayudarnos y enséñanos, o consolarnos en nuestra tristeza, darnos fuerzas en medio de nuestras debilidades.

Escúchalo, sus palabras son reales. ¿Cómo estaremos seguros de su voz? Esta es una pregunta que todos pensamos en ella, ¿será Dios o será mi propia voz, o la voz de mi hermano(a)? o de cualquier persona que este a nuestro alrededor, pero te digo amado(a) que mientras mas alimentemos nuestro espíritu, mas seguridad tendremos en que es la voz de Dios hablando directamente a nuestro interior, a través del Espíritu Santo. Recordemos su promesa de que el estaría con nosotros siempre.

Amado(a) lector el Espíritu Santo ha sido enviado a la tierra, para ayuda de todo aquel que acepta al señor Jesucristo como su salvador, es una promesa hecha realidad.

Es Dios revelando a su pueblo, lo necesario para el funcionamiento de la vida cristiana.

El es parte fundamental en nuestro crecimiento.

Si no lo tienes dentro de ti, si por algún motivo no sientes esos ríos de agua viva corriendo por todo tu ser, te invito a que le habrás tu corazón, hazle un espacio para que el entre. El te dirá que esta impidiendo la comunión entre Dios y tú.

Tenemos que anhelar el Espíritu Santo como si fuera el último vaso de agua sobre la tierra, y al tomar de esa agua será satisfecho nuestro ser de una manera tan espectacular, que no tendremos necesidad de nada más.

Espíritu Santo, llena todo nuestro ser con tu presencia, pasa tu bálsamo sobre nuestros corazones y sana cada herida que halla en el. Restaura cada espacio de nuestro interior con tu poder.

Hablamos queremos escucharte, tócanos querremos sentirte, escudríñanos queremos ser transparentes.

Enséñanos, no queremos equivocarnos, dirígenos no queremos tropezar.

Llénanos de ti, danos de beber de tu manantial, necesitamos más de ti, queremos más, más y más de ti, sácianos. En el precioso nombre de Jesús por favor, Espíritu Santo...Amen.

CAPITULO NUEVE

LA GRAN COMISION

Una de las últimas oraciones de Jesús sobre la tierra, sus palabras se refieren a varios términos. Se dirigió a si mismo por haber terminado lo que le fue encomendado por el padre. Yo he acabado lo que me asignaste (Jn.17:1-5). Que privilegio sintió Jesús, pudo decir he cumplido ahora has tu lo siguiente,
(Le aclara al padre). Continua con las palabras acerca de sus discípulos, se sintió más que agradecido con el padre, por haberle dado la oportunidad de impartir su palabra, a este grupo de personas.

Jesús vino a demostrarle al mundo un Dios diferente al que ellos conocían. No lo cambio, simplemente de la manera que ellos habían escuchado acerca del padre era errónea, el padre se demostró al mundo, o se dio a conocer a través de Jesús. (Jn.17:6-9).

Jesús continua, se dirige al padre, acerca de sus discípulos, le ruega al padre por ellos. Jesús sabia lo que le esperaba después de ese momento en acorde con las palabras expresadas por el, en el principio de este capitulo, (Jn.17:1), pero el no esta preocupado por el mismo, sino que se preocupa por sus discípulos, wuao, que inmenso amor, dejo a un lado sus propios sentimientos, y pidió al padre que guardara los que hasta esa hora estaban con el, y no tan solo ellos sino, los que habían de llegar a el a través de ellos.

EL DELEGADO.

Como el padre envió al mundo a Jesús con una misión específica, de la misma manera envía Jesús a sus discípulos, (Jn.17:18-26).

Que compromiso tenían estos hombre ellos estuvieron presentes en todos los milagros realizados por Jesús, escucharon todas las palabras dichas por el. Ellos serian el canal para que todo lo hablado por Jesús continuara de generación en generación, por eso tú y yo conocemos estas hermosas palabras, y hemos creído en Jesús, por las palabras de ellos, trasmitida a través de los tiempos, Jesús dijo, por los que han de creer en mí, por la palabra de ellos, (Jn.17:20). Ahí entramos tú, yo y todos los que vendrá después de nosotros. Tenemos que seguir esparciendo esta palabra de verdad a todo el que nos rodea, como los discípulos continuaron con la misión, tu yo tenemos la tarea de dar a conocer el reino de los cielos acá en la tierra.

Jesús se encargara de rogar por nosotros y de guardarnos en el, para que podamos seguir hacia delante con lo encomendado.

No podemos atemorizarnos y no avanzar con nuestra misión, siempre habrá oposición, enfermedad dificultades, estamos en el mundo y todo esto es parte de lo que el mundo ofrece, a Jesús también lo persiguieron, lo acusaron, lo hostigaron tanto que lo llevaron a la muerte, por eso dice, no te ruego que los quites del mundo sino guárdalos del mal. Somos guardados en el y en medio del mundo de maldad que nos ha tocado vivir, su poder protector nos cubre.

Momentos después de su resurrección, Jesús aparece a aquellos hombres los cuales el escogió y asigno para continuar con su tarea y les dice paz a vosotros, y les acuerda

La Gran Comision

una vez mas que como el padre lo envió, el hace lo mismo ellos. (Jn.20:21).

Paz a vosotros, cuando los vientos se levanten, paz, si las cosas no han salido como avíanos pensado paz. Jesús sabía las persecuciones que vendrían a todo aquel que decidiera seguirle. Si con el árbol hace estas cosas, ¿en el seco, que no se hará? (Lc.23:31).

Tenemos que estar dispuesto a enseñar la semilla de esperanza, y de paz así como un día nos la enseñaron a nosotros. Si Jesús sano, nosotros tenemos que sanar en su nombre, si el perdono también nosotros tenemos que perdonar, solo imagínese si el se hubiera llevado al calvario, las acusaciones y persecuciones de las que fue victima, por medio de los religiosos de aquella época, aparte de cargar aquella pesada cruz, con el peso de pecado de la humanidad, encima le hubiese puesto resentimiento, amargura. Jesús pudo decir padre perdónalos, no saben lo que hacen. Que difícil se nos hace a nosotros perdonar, olvidar, pasar por alto las ofensas que nos hacen, pero que fácil se nos hace el querer que los demás pasen por alto nuestros errores y nuestras ofensas.

Jesús perdono, y el perdón tiene que ser parte de nuestro equipaje cada día. El rencor puede ser otro gran obstáculo entre nosotros y la misión que Jesús nos haya encomendado.

LAS ARMAS.

Como todo trabajo secular, necesitamos herramientas necesarias, para hacer el trabajo de la mejor manera posible, de la misma manera pasa en el mundo espiritual. Jesús nos encomienda hacer algo para el pero, nos capacita con lo necesario para hacerlo, injusto seria que se nos mande a hacer algo, y no se nos equipe con las herramientas necesarias.

Cada país tiene su ejército particular, que son encargados de defender dicho país, en un momento determinado. Los ejércitos terrenales tienen sus normas, reglas, y armas, las personas que quieran formal parte de dicho ejercito, tienen que tener la capacidad de entender las reglas, y saber usar las armas, antes de ser lanzados al campo de batalla.

Nosotros somos parte del ejército del cielo, y tenemos que entender el compromiso que tenemos, de defender ese reino a toda capacidad. Todos los que combaten en los ejércitos terrenales están dispuestos a dar la vida por la patria que están defendiendo.

Los que somos discípulos de Jesús, tenemos que defender su nombre hasta donde sea necesario.

Jesús no escatimo su linaje, su vida, se entrego sin condiciones, sin pedir nada a cambio, y nosotros en agradecimiento le servimos, jamás podremos pagar el precio de la salvación y de la vida eterna que el nos regalo, simplemente agradecerle, y cuando estamos agradecidos con alguien, correspondemos a su favor.

Sin duda alguna las herramientas las tenemos solo es agarrarlas, prepararnos, y que empecemos a ser testigos de Jesús, esparciendo esta semilla en todo lugar donde esta la tierra disponible, el fruto lo dará el dueño de la semilla, Jesús.

Concluyendo, el resumen de todo esto es que, la obra de Dios, tiene que seguir hacia delante. Jesús necesita de cada uno de nosotros para dejarle saber al mundo que hay un Dios que se preocupa por la humanidad. Que existe esperanza.

Las herramientas las tenemos y son poderosas, usémosla a favor del reino de los cielos. Levantemos nuestra mirada. Seamos valientes, esforcémonos.

Jesús pago un precio muy alto, para librarnos de la esclavitud del pecado, y de la muerte. Mi pregunta es, ¿que estamos haciendo tú y yo? En agradecimiento por su amor. Dejemos a un lado las excusas.

Enfrentemos nuestros temores. Crucemos al otro lado.

La Gran Comision

El padre, el Hijo y el Espíritu Santo están con nosotros, y eso es más que suficiente para luchar y salir victoriosos.

Las armas de nuestra milicia no son carnales, sino poderosas en Dios para la destrucción de fortalezas. (2Co.10:4-5).

JESUS

VENCIO EL TEMOR

Enfrentando nuestros temores, esta enfocado hacia aquellas personas, llamadas para una misión especifica que por circunstancias adversas estan paralizadas, escondidas o atemorizadas. Jesus sintio temor y pudo vencerlo para que tu y yo pudieramos vencer atravez de El.
Jesus nos dejo las herramientas necesarias para que en medio de las adversidades sigamos hacia adelante, siempre dando a conocer el reino de Dios a toda persona que nos rodea y aun mas alla. En Cristo somos mas que vencedores.
No paralicemos la obra de Dios en nosotros, salgamos de nuestro escondite y que el poder de Dios se active en nosotros, y mostremos las riquezas y el amor de Jesucristo.

Johanna Guale
una mujer de Dios, Guerrera, Amable,
Confiable, Servidora, Consejera, una
mujer digna de imitar no se da por vencida
excelente Madre y Esposa.
Y sobre todo Dios esta con ella.

www.ingramcontent.com/pod-product-compliance
Lightning Source LLC
LaVergne TN
LVHW012046070526
838201LV00079B/3705